# 法藏知津

## 中國佛教研究集成

### 初 編

杜潔祥 主編

## 第 6 冊

### 《起信論》與天台教義之相關研究

何 國 銓 著

花木蘭文化出版社

國家圖書館出版品預行編目資料

《起信論》與天台教義之相關研究／何國銓 著－－初版－台北
縣永和市：花木蘭文化出版社，2010〔民99〕
目 4+196 面；19×26 公分
（法藏知津——中國佛教研究集成 初編：第6冊）
ISBN：978-986-254-263-7（精裝）
1. 論藏　2. 天台宗
222.14　　　　　　　　　　　　　　　　　99014045

ISBN - 978-986-254-263-7

9 789862 542637

法藏知津——中國佛教研究集成
初　編　第　六　冊　　　　　　ISBN：978-986-254-263-7

《起信論》與天台教義之相關研究

作　　　者　何國銓
主　　　編　杜潔祥
總 編 輯　杜潔祥
印　　　刷　普羅文化出版廣告事業
出　　　版　花木蘭文化出版社
發 行 所　花木蘭文化出版社
發 行 人　高小娟
聯絡地址　台北縣永和市中正路五九五號七樓之三
　　　　　　電話：02-2923-1455／傳眞：02-2923-1452
電子信箱　sut81518@ms59.hinet.net
初　　　版　2010 年 8 月
定　　　價　初編 36 冊（精裝）新台幣 55,000 元　　　版權所有‧請勿翻印

# 《起信論》與天台教義之相關研究

何國銓　著

## 作者簡介

何國銓，廣東南海人，三十六年生。早年畢業於國立臺灣師範大學國文系，其後赴香港，在新亞研究所追隨唐君毅、牟宗三兩位老師研讀中國思想並取得碩士學位，之後回國在中國文化大學羅光老師指導下以＂起信論與天台教義之相關研究＂一文獲授國家文學博士學位。現職國立臺中技術學院應用中文系教授，擔任中國思想史、老莊及易經等課程，著有＂中國禪學思想研究＂等書。

## 提　　要

　　題為馬鳴造，真諦譯之《大乘起信論》自出世以來，註釋百七十餘家，為書不下千卷，其影響中國佛教界亦可謂至深且鉅矣。智儼及法藏得以本論為基礎而成立無盡緣起之華嚴圓教，清涼更視之為兼圓究竟之說，致使當時與華嚴論諍不已之天台六祖湛然也不得不對本論賦予極大之關切，在其所著之《金剛錍》及《止觀大意》中也套用賢首《起信論義記》之「隨緣不變，不變隨緣」之語。雖然取義有所不同，其根本立場亦無非在闡明天台性具說之優越耳。迨唐末五代，教流海東，大宋龍興，遺文復返。然習天台者，久生難熟，于祖典一時亦不易契入也。加上誤解荊溪「隨緣」之意，遂有山外派之視「介爾一心」為「靈知真性」，把天台實相論轉變為唯心說，援引《起信》，齊今圓教，並以別理不隨緣而認定起信論之純圓究竟地位。此宋法登在《議中興教觀》一文中所以有「擠陷本宗圓頓之談，齊彼終教」之嘆也。

　　按《起信論》一書，據梁啟超氏之考證，乃承《楞伽經》義理改造而成，因受當時地、攝二家思想之影響，故有調和阿賴耶與如來藏真妄二元對立、建立真妄同體，渾然一識之一元觀。其說法則只有一法，就是眾生心，此乃如來藏自性清淨心，所謂「一法界大總相法門體」是也。實則，此法界亦只是法性之異名，復是迷悟之所依，所謂「真如在迷，能生九界」。故論雖分真如與生滅二門，其性不二，唯一真心。然既是真心，則只可謂具淨法，以性起唯淨故，不可能具染法也。此所以《勝鬘經》亦謂「不染而染，難可了知」矣。實則染法只是無明識念憑依真心而綰起者，與真心無涉，所謂「煩惱不觸心，心不觸煩惱」，故無明與法性是體別而不相即，此四明知禮所以謂「但理隨緣作九，全無明功，既非無作，定能為障，故破此九，方能顯理」矣。則本論底子仍脫不了「緣理斷九」之性格，此天台所以判為別教，而華嚴亦視之為終教而已。關于此點本論文首二章已有詳述。

　　至於天台教義，據荊溪《止觀義例》云：「以『法華』為宗骨，以『智論』為指南，以『大經』為扶疏，以『大品』為觀法。」看來，其教理之基礎乃是依據《法華經》及龍樹學而成者，故本質上屬實相學而非唯心論。所謂實相，乃指宇宙萬有，當下即是真理，惡之當體即是善之當體，故一色一香無非中道，低頭舉手皆成佛道也。唯在實踐止觀之修行上，卻又不免有唯心之傾向。然而「唯心之言，豈唯真心！」依天台，所謂一念三千之「一念」，乃指剎那之陰入妄心，此一念心智者在《四念處》中亦稱作「一念無明法性心」。所謂無明無住，無明即法性，法性無住，法性即無明，從無住本立一切法，則無明與法性是體同而相即，故一念心中即具十法界三千世間而為一不思議境之圓教也。又此天台實相學原理亦即本論文第三章所要討論者。

　　至於本文則題為《起信論與天台教義之相關研究》，全文共分四章，乃是根據《起信論》之唯心說與天台實相學二者本質之歧異，參照智者《法華玄義》卷九中以十義（即融不融，即法不即法，斷斷不斷斷等）判別圓之原則，料簡與《起信論》有關之諸天台宗文獻，其中包括先

天台南岳慧思《大乘止觀法門》之如來藏性有染淨說，六祖湛然《止觀大意》與《金剛錍》中之隨緣義，與及受《起信論》思路影響頗深之山外諸師之唯心論說，諸如源清之《十不二門示珠指》，宗翌之《十不二門註》，智圓之《金剛錍顯性錄》等文作一料簡。至於視真如隨緣說為圓教之極理，諸如繼齊之《指濫》、子玄之《隨緣撲》，玄頴之《隨緣徵決》等文獻，由於久已散佚，則只能就仁岳之《別理隨緣十門析難書》中探索，並作一抉擇而已。有關此等異說俱見于第四章，亦即本論文所處理問題核心之所在也。

　　至於本論文題目，所涉範圍，雖似嫌太廣，而實則重點不外在料簡與《起信論》相關之天台教學而已。然為欲溯本尋源，以復天台原貌，是則於行文之際，釋義之時，雖一以天台教判為準，然於《起信論》華嚴義理亦非可以不深究也。故先及《起信》，後述天台，就其教觀特色，義理規模，不厭其煩，清其眉目，如此宗骨突出，圓旨自露，異說永息，此亦即本文撰作之要旨所在也。

# 目次

# 第一章　緒　論

## 第一節　眞常唯心論大成於中國與《起信論》之來歷

印順法師嘗分印度大乘爲三系，即：「性空唯名」、「虛妄唯識」與「眞常唯心」三派。〔註1〕唯依義淨三藏《南海寄歸內法傳》則云：

> 所云大乘無過二種。一則「中觀」，一乃「瑜伽」。「中觀」則俗有眞空，體虛如幻；「瑜伽」則外無內有，事皆唯識。斯並咸尊聖教，孰是孰非？同契涅槃。何眞何僞？意在斷除煩惑，拔濟眾生，豈欲廣致紛紜，重增沈結。依行則俱升彼岸，棄背則並溺生津，西國並行，理無乖競。〔註2〕

據此，則印度似只有由龍樹、提婆、清辨、月稱系所宣講之「性空唯名」與由彌勒，無著系所倡導之「虛妄唯識」二宗派而已。至於「眞常唯心」一系乃是依宣說如來藏及常住眞心之一分大乘經而立。此眞常思想大抵據小乘大眾部「心性本淨」說發展而來，然在《大般若經》中亦隱含此類思想，如卷五六九〈法性品第六〉云：

> 諸法雖生，眞如不動，眞如雖生諸法而眞如不生，是名法身。〔註3〕

卷五六七〈顯相品第三〉亦云：

> 天王當知，譬如水從高赴下水族所歸，甚深般若波羅蜜多亦復如是，

---

〔註1〕 印順法師之《無諍之辯》，頁 126。
〔註2〕 《南海寄歸內法傳》卷一，《大正》五四，頁 205 下。
〔註3〕 《大般若經》卷五六九，《大正》七，頁 937 下。

從眞法界流趣世間一切善法之所依止。〔註4〕

此言眞如雖不變，唯生起諸法，從眞如而流趣世間，故亦隱含眞如隨緣說之思想矣。唯無論如何，就大乘教之發展而言，在印度，此仍屬後期之產物。再說，其思想雖源於印度，唯却大成於中國，遂使反對此系之學者，誤認此乃中國佛學之特色，而非印度佛教所固有。實則，在印度代表此眞常思想之經典本亦甚多，諸如：《如來興顯經》、《大哀經》、《大方等如來藏經》、《大般涅槃經》、《大法鼓經》、《勝鬘師子吼一乘大方便方廣經》、《楞伽阿跋多羅寶經》、《不增不減經》、《無上依經》與《大乘密嚴經》等諸經，及《究竟一乘寶性論》、《佛性論》、《大乘法界無差別論》等諸論。或多或少俱具有此系思想之特色。就以眞諦三藏所譯之《攝大乘論》、《攝大乘論釋》、《十八空論》與《決定藏論》等法相宗論典看來，就因爲其翻譯夾雜了本人之增益見解，然亦非不意味即使是法相宗之始祖彌勒，世親系之思想亦可朝「眞常唯心」之思路發展也。此所以日人木村泰賢亦認玄奘一派說眞如隨緣之思想，印度所無，乃非確切之論也。〔註5〕

唯此系思想在印度由於沒有如『中觀』、『瑜伽』般有諸大論師之弘揚演說，故不易爲人所知而已。而此系思想之所以大成於中國，普受佛教高僧之讚揚，據印順法師以爲此與國人之「重經」思想有密切關係。〔註6〕馬定波先生則以爲此與國人重視「明心識性」之思想不無關涉。〔註7〕蓋此系思想傾向於探討「自性清淨心」、「常住眞心」、「如來藏」、「藏識」等問題，一般並以此眞心爲依持而說明一切法之生死流轉及涅槃還滅。由於此心乃屬眾生所本具之正因佛性，通過加行，緣了二因佛性顯發，即可頓悟成佛。此種「一切眾生皆有佛性」、「闡提亦可成佛」之思想大抵與我國儒家孟子所倡言：「人性本善」之「人皆可以爲堯舜」〔註8〕之說法相類似。亦與道家老子所言「道心」之「虛寂圓照」人人俱可反璞歸眞成眞人之思路相接近。〔註9〕然類似、接近、

---

〔註4〕《大般若經》卷五六七，《大正》七，頁926中。

〔註5〕參照木村泰賢《大乘佛教思想論》，頁230。

〔註6〕參閱印順法師《如來藏之研究》，頁2。

〔註7〕參閱馬定波《中國佛教心性說之研究》序說，頁2。

〔註8〕《孟子·告子下》：「曹交問曰：「人皆可以爲堯舜，有諸？」孟子曰：「然。」《孟子正義》，頁477，世界書局。

〔註9〕如《老子道德經》三章言「虛其心」十六章言「致虛極，守靜篤」及二八章言「復歸於樸」等皆是。

乃就其皆肯定主體性一點而言。〔註10〕實則仍有分別，以儒家之主體性以健動爲本，化成爲務，道家則以逍遙爲本，情意爲尚、前所肯定者乃一德性之我，後者則爲一情意我，此與佛家之以靜歛爲本捨離解脫之出世精神異趣也。又此佛家教義本反對「有我論」，而如來藏思想却言「眞常之我」，豈非互相矛盾耶？然據《楞伽阿跋多羅寶經》卷二所云：

> 爲斷愚夫畏無我句故，說離妄想無所有境界如來藏門，（中略），開
>
> 引計我諸外道故，說如來藏。〔註11〕

此外道本指佛法以外之諸教。據說印度即有九十五種外道，如崇拜梵天等一切「有我論」之本體論思想皆屬之。由於此系思想有本體論生起之架勢，無怪此「眞常唯心」系獨爲我儒、道二家所吸收矣。加上中印度人求那跋陀羅於北魏太武帝太延元年（西元 435 年）來華，翻譯以此系爲中心之《勝鬘》、《楞伽》等經。其後，中印度人勒那摩提復於正始五年（西元 508 年）來華，至洛陽與菩提留支等合翻《十地經論》，並因此而產生了地論宗賴耶眞妄依持說之論諍。而其中最重要之人物，莫如西天竺人眞諦三藏應梁武帝之請於西元 548 年到達建康，期間並先後譯述《決定論藏》、《攝大乘論》及《攝大乘論釋》等論典。倡言九識之說，並強調賴耶「以解爲性」之理論。

　　以上所述，俱是「眞常唯心」系在中國發展與倡導之先驅者，而署名馬鳴造，眞諦譯之《大乘起信論》一書，如果能證明眞爲馬鳴所造，則更是此系思想在翻譯論典中最早成體系之代表作。此論不單是整個性宗唯心論之根本論典，如來藏說亦因此而成爲大乘之通量，佛學之主流矣。

　　關於此論之作者馬鳴，梵語是阿溼縛寠沙 Asvaghosha。據史傳所載，本西印度人，後移居中印度者，彼初爲婆羅門教徒，博學雄辯，壓倒一切，並常與佛教徒駁詰，可謂反佛教之中堅人物。後遇脅尊者，終獲感化，一變其排佛之思想而出家，得道。其後月氏族中有一個國王名迦膩色迦，從北印度崛起，征服四方，馬鳴亦於此時赴北印度，在迦膩色迦王治下，宣揚大乘佛教，普受四民崇敬。並與脅尊者共同計劃佛典之第四結集，聲望極之高隆。

　　至於馬鳴出世之年代，據現存漢譯佛典，約有下列各種異說：（一）費長房著《歷代三寶記》中有佛滅後三百年說；（二）眞諦譯《世親傳》中有佛滅後五百年之說；（三）曇景譯《摩訶摩耶經》中有佛滅後六百年之說；其中以

〔註10〕見勞思光《中國哲學史》卷二，頁 29。

〔註11〕《楞伽經》卷二，《大正》一六，頁 489 中。

第三說較爲可信，法藏《起信論義記》亦持此說。〔註12〕蓋馬鳴與迦膩色迦王有關，可謂已成定論。〔註13〕而迦膩色迦王之年代已被近代學者考證爲西元一世紀間，以此推論，馬鳴之出世年代，當以佛滅後六百年爲確矣。

此論之譯本有二，一爲眞諦譯，另一爲實叉難陀譯，然無論作者與譯者，古來即有疑僞的傳說，隋時均正即謂「尋覓翻經目錄中無有也」而最先質疑。《眾經目錄》亦謂「勘眞諦譯無此錄」而疑非眞諦所譯，唯古來爲此書作疏之慧遠、元曉、法藏等大師亦不以此書爲僞也。至近代方由日本學者望月信亨、村上專精等考證以爲本書非眞諦譯。梁啓超先生作《大乘起信論考證》則從教理發展史之觀點而斷此書爲中國佛徒所作，而支那內學院諸人則以法相宗之立場說本書乃中國僧人所僞造。另一方面，維護《起信論》者，則有太虛大師，彼以宗教信仰立場，持相反之看法。然雙方之論皆無確實證據，大抵從理論是非着眼。〔註14〕吾人今日亦不易據此而判斷其眞僞也。唯依本論因緣分所云：

> 如是，此論爲欲總攝如來廣大深法無邊義故，應說此論。〔註15〕

既言「總攝」，則必成於眾說皆出之時，以此推之，本書在中國流通約於南朝末年，況就思想深度而言，此書亦以成於地、攝二宗立教之後較爲合理，總之，此書義理應無問題，乃屬眞常唯心一系，唯其作者譯者究爲何人？抑或出於中國人所自造？此皆不能決定矣。

## 第二節　《起信論》在中國佛學上地位及其對天台宗所可能發生之影響

《起信論》雖或被疑爲國人所僞作，然所謂僞者，亦就其托名馬鳴而已，非謂其義理失實也。蓋印度傳來者，未必盡善，中土所作者亦非定劣。諸如天台主要教觀即爲智顗大師一人所創闢，教理之圓融較之西土傳來者，亦無遜色。唯晚近支那內學院，力圖恢復印度唯識舊學，以《起信論》不立種子

---

〔註12〕《起信論義記》，《大正》四四，頁246上。
〔註13〕日人寺本婉雅曾從西藏佛藏中丹殊爾部第九十四函發現馬鳴復迦膩色伽王一書，如此文不僞，則馬鳴爲脅比丘弟子，與迦膩色迦同時可確定矣。見梁啓超《大乘起信論考證》，頁22～23原註3。
〔註14〕詳見《大乘起信論與楞嚴經考辨》〈現代佛教學術叢刊〉。
〔註15〕《大乘起信論》，《大正》三二，頁575下。

義而非之，王恩洋先生之《起信論料簡》更以不合佛法，而斥爲梁、陳小兒所僞作，劉絕慧命。〔註16〕則未免崇洋自貶太甚，固無損本論之價值也。

　　蓋本論自出世以來，即備受佛教界大德之推崇與注目，具有甚高之評價。淨影寺之慧遠大師即曾率先作疏流通，可見其受當時地論師之重視。海東元曉大師亦讚美云：

　　　　是謂諸論之祖宗，群諍之評主也。〔註17〕

賢首法藏大師則爲之作《義記》，並推崇之曰：

　　　　如是諸論爲欲總攝如來廣大深法，無邊義故，應說此論。如是此論
　　　　文句雖少，善攝一切大乘經論。〔註18〕

宋代華嚴學者長水子璿大師在判教之立場上亦把本論判屬終教而兼頓圓，彼云：

　　　　此論爲所攝，後三攝此者，終頓圓也。謂此論中說如來藏緣起，是
　　　　終教，說眞如門是頓教。又眞如門是理法界，生滅門是事法界，二
　　　　門不二，理事無礙法界，一心是一眞法界，此即圓教。故後三教攝
　　　　得此論。〔註19〕

明末智旭大師，雖學宗天台，然對本論亦推崇備至，彼云：

　　　　大乘起信論者，佛祖傳心之正印，法性法相之總持也。〔註20〕

又云：

　　　　圓極一乘。〔註21〕

近人梁啓超先生則持如下之看法，彼云：

　　　　《起信論》蓋取佛教千餘年間，在印度中國兩地次第發展之大乘教
　　　　理，會通其矛盾，擷集其菁英，以建設一圓融博大之新系統。〔註22〕

方東美先生亦持同一論調，彼云：

　　　　《起信論》雖是一部僞書，但却把中國從北魏以來，一直到梁陳時
　　　　代，到隋唐時代，這一個長時期裏，中國大乘佛學衝突的理論，而

---

〔註16〕見《大乘起信論眞僞辨》，頁25。
〔註17〕《大乘起信論別記》，《大正》四四，頁226中。
〔註18〕《大乘起信論義記》，《大正》四四，頁250上。
〔註19〕《起信論疏筆削記》，《大正》四四，頁308上。
〔註20〕《起信論裂網疏》卷六，《大正》四四，頁464上。
〔註21〕《起信論裂網疏》卷一，《大正》四四，頁422下。
〔註22〕梁啓超《大乘起信論考證》，頁5。

　　以旁通統貫的綜合。〔註23〕

　　總上所述，本論在佛教界，享有崇高地位，殆無疑矣。而率先爲本論作疏之慧遠大師，更深受本論思想之左右，此在其所著論《大乘義章》中，多處援引《起信》學說，可見一斑矣。以地論師無分南北，就其義理成熟之最後歸宿當屬《起信》也。

　　至於華嚴宗之法界緣起，據實言，亦不外據《起信論》爲其義理支持點發展而成者，就法藏爲例，其妄盡還源觀即依《起信論》之思想，將一心顯明自性清淨，圓明之體，爲顯現海印三昧而成無盡緣起之華嚴圓教而已。

　　禪宗之神會和尚亦受《起信論》思路之影響頗深，彼之言「本心」乃就一清淨心之「靈知眞性」而言。所謂「妄念本寂，塵境本空，空寂之心，靈知不昧，即此空寂之知，是汝眞性。」〔註24〕是也。

　　以上三宗俱受《起信論》影響深鉅者，以屬題外，故刻就與本論文有直接關係之天台宗略述其教義爲《起信論》影響之概況，此亦即本文第四章所要處理之核心部分也。蓋天台宗乃由智者大師所創立，彼就「一念無明法性心」而言三千世間法，此一念乃就介爾一念之陰入妄心而說，故本質上是實相學而非唯心說。與《起信論》之偏指清淨眞如心之思路根本截然不同，此所以智者大師之著述中，並無《起信論》之思想痕跡。彼除在《小止觀》引用《起信論》之語外，〔註25〕就其全盤思想考察，由於系統不同，彼不重視《起信論》眞如緣起說，則是事實。

　　唯題名南岳慧思禪師撰之《大乘止觀法門》本是一部實踐止觀方法之書，其內容可分爲：止觀依止，止觀境界，止觀體狀，止觀斷得，止觀作用等五分。〔註26〕旨在顯明自性清淨心，眞如佛性，如來藏等。並言眞如之體用，覺不覺之眞妄，染淨二種緣起與流轉還滅二門之旨要。本質上是以《起信論》眞如緣起說爲其論據之基礎。其言不空如來藏，體具染淨二法。〔註27〕具淨法旨在說明一心之超越面，具染法則是其現實面。換言之，如來藏在纏即具染法，同於《起信論》所言之「眾生心」，唯彼又將染法分攝染性及染事，〔註28〕則似有較

〔註23〕見《現代佛教學術叢刊》之《佛教哲學思想論集（一）》，頁369。
〔註24〕《禪源諸詮集都序》，《大正》四八，頁402下。
〔註25〕《修習止觀坐禪法要》，《大正》四六，頁467上。
〔註26〕《大乘止觀法門》，《大正》四六，頁642上。
〔註27〕《大乘止觀法門》，《大正》四六，頁646上。
〔註28〕《大乘止觀法門》，《大正》四六，頁646中。

進於《起信》者，然如此一來，轉染成淨即不易說明矣。如此書果為慧思所撰述，而天台與南岳彼此又有師承關係，則智者晚年之性惡思想是否即如智旭大師所云乃根源於此書，〔註29〕有關此類問題，將留在第四章再作詳細討論矣。

至於天台六祖荊溪湛然大師則似有引用《起信論》學說之跡象。在《金剛錍》中，彼云：

> 萬法是真如，由不變故；真如是萬法，由隨緣故。〔註30〕

此「隨緣不變，不變隨緣」之說，大抵乃套用賢首《起信論義記》之語。〔註31〕唯取義則有所不同，蓋前者不變與隨緣俱就真常心說，而後者則明顯表示不變是性，隨緣是心。依天台性具原理，一念三千，心即萬法，而法不出如，故性即真如，即法性，非指真常心也。而法性無住，法性即無明，以即無明故，法性即心，一說心即是萬法。以心方有緣起造作義，故心實在是指介爾一念即具三千世間法而言之陰入妄心，是無明識心而非清淨真心也。

要之，湛然言「不變隨緣」之說，只是套用《起信論》之語，以展開其天台教學之優越而已，故其根本立場仍不失天台性具之原理也。唯後世山外派諸師，視「介爾一心」為真心，遂把天台性具說之實相學轉變成唯心論，此乃誤解荊溪之意，以《起信論》思路解釋天台，此所以為山外也。

如奉先源清大師之《十不二門示珠指》則是頗受《起信論》思想影響之著作。如云

> 一念心服真佛知見也，諸佛出世唯為此事故，欲令眾生了十法界皆
> 是自心清淨知體，妙圓覺性耳。〔註32〕

此種思路明顯為荷澤禪「靈知真性」之說所左右，又其解釋《維摩詰經》之「無住本」則云：

> 無住本者，即一念常虛寂體，本性巨得，無所依止，稱無住本，無
> 自即本。是無住本具一切法故稱法性，由性本具緣能生之染緣能生
> 染法，淨緣能生淨法，譬火水珠，向日生火，向月生水，只一圓珠
> 具水火性，日月之緣而能生之，一念心性亦復如是。〔註33〕

---

〔註29〕《大乘止觀釋要》，《卍字續藏》冊九八，頁466後上。
〔註30〕《金剛錍》，《大正》四六，頁782下。
〔註31〕《大乘起信論義記》，《大正》四四，頁255下。
〔註32〕《十不二門示珠指》，《卍字續藏》冊一〇〇，頁54前下。
〔註33〕同前註，頁55前下後上。

據此，則源清之「一念心」乃就真常心而說，此與《起信論》之言真心隨染淨緣而起染淨法之說無以異也。彼在「色心不二」門中更引《起信論》之說以釋荊溪「隨緣」之義，彼云：

> 《般若》云：一切法趣色趣不過等備如境妙，此則真如隨緣，《起信》真如隨緣義是也。《止觀大意》云：隨緣不變名性，不變隨緣名心，今言心即真如性不變也，之色心即隨緣也。〔註34〕

彼援用《起信論》之說而言一念不變，色心隨緣，故非天合即具之實相理論，而是「緣理斷九」之唯心說矣。

至於明末之智旭大師，雖學宗天台，唯却趨向於諸宗融和，故其教學亦以攝盡各宗之融合性為其特色。彼在《大乘起信論裂網疏》中即強調《起信論》之「眾生心」即是天台所言之「介爾之心」。並謂此心隨緣不變，當體即真，在解釋《起信論》之「體、相、用」三大中則云：「以心真如，即一切法真如」，「隨拈一法，並是真如全體」為體大；「真如不變隨緣，舉體而為眾生介爾之心，則介爾之心便是真如全體。」在全妄即真中，言本具性德之相大；「此眾生現前介爾之心，無法不具，無法不造，隨於染淨緣，具造十法界，遍能出生十界因果。」而為用大。〔註35〕此即是以天台妄心觀之立場，融入《起信》唯一真心之論調。實則，《起信》之一心，乃是如來藏自性情淨心，故不但是真如理而亦是心，是心方有活動義，故為一真常心。此心隨染淨緣而起染淨法，故隨緣與不變俱就此真心而說。至於天台，雖亦可有隨緣之義，如荊溪《止觀大意》之「隨緣不變故為性，不變隨緣故為心」〔註36〕只是就心具、性具說而已。其不變指性，此就無明無住，無明即法性，而言隨緣而起之諸法，當體即是差即無差之諸法實相也。其言隨緣則就心說，以心方有緣起造作義，此就法性無住，法性即無明，而言即理之事也。故天台之言心必就介爾之陰入妄心說，故必隨緣。非就真心之不染而染而隨緣也。此所以智旭大師雖以天台之介爾一念心闡釋《起信》雖欲融攝，不易為功，以系統思路不同，勉強加以比附，亦徒然攪混而已。

又本論對真言、淨土與法相諸宗亦有關涉，茲不復敍。僅就影響較深之地論、華嚴、禪與天台諸宗略述其淵源而已。而其中地論宗與《起信論》最

---

〔註34〕同前註，頁64後下。

〔註35〕參照《大乘起信論裂網疏》卷二，《大正》四四，頁427至428。

〔註36〕《止觀大意》，《大正》四六，頁460中。

後皆融歸於華嚴宗，彼此性質相同關係密切，固無可諱言。至於禪宗，就達摩《楞伽》傳心而言，則與《起信論》關係亦屬密切，觀荷澤禪亦可見一斑矣。至於天台宗，就其本質而言，則可謂與《起信論》毫無關涉。一就性具而言諸法實相，一就性起而言唯一真心。只前者方屬圓教。以後者偏指真心，必至緣理斷九也。唯以國人性好融會，遂有宋代山外諸師之以《起信論》思路解釋天台，而明末智旭大師更以天台教觀闡釋《起信》，則徒然攪混，理非諦當。至於本文則嘗試就《起信論》與天台宗兩者之義理架構，尋源返本，以明唯心論與實相學之不同，故先就《起信》，後及天台，並就其教義之特色，比較此兩系統之同異，並澄清與《起信》有關之諸天台異說。此亦即本論文撰作之要旨所在也。

# 第二章　《起信論》眞如緣起說之特色

## 第一節　《起信論》眞常唯心說之義理淵源

智旭大師在其《大乘止觀釋要》卷一云：

> 夫佛祖授受不過以心印心，此心之體即是大乘。〔註1〕

據此，則唯心說爲大乘普遍之思想似已成爲定論。然而「唯心之言，豈唯眞心」？故除《起信論》眞如緣起說之唯一清淨眞心外，亦有唯一妄心之阿賴耶系統，更有一根本不屬於如來藏或阿賴耶系統，而逕就吾人當前介爾之「一念無明法性心」而言空、假、中如來藏中道實相理者，此即是天台宗性具原理底實相學，其義理淵源固有別於上所述之如來藏與阿賴耶系統，茲不詳述，俟第三章再作簡別。唯有一點必須注意者，即無論是《起信》之如來藏，法相之阿賴耶，以至天台之實相學，此俱就「如來藏恆沙佛法佛性」一觀念確定後方形成者。蓋小乘之三藏教依智者所說亦是唯心，〔註2〕然此藏教言「一念無明心」乃是就六識說，故是功齊界內，智不窮源，以未觸及界外之無始無明，故其對一切法亦無根源之說明也。

原來一般所謂六識，乃就眼、耳、鼻、舌、身、意而言，而六識之次第發展成七識，亦有其理論根據者，蓋僅說六識，則當睡眠或悶絕時，心識豈非中斷，業之相續如何可行？所謂：

> 實我若無，云何得有憶識，誦習，恩怨等事，（中略）若無實我，誰

---

〔註1〕《止觀釋要》，《卍字續藏》九八，頁 438 前上。
〔註2〕見《四教義》卷十二，《大正》四六，頁 767 下。

能造業，誰受果耶？（中略）我若實無，誰於生死輪廻諸趣，誰復厭苦求趣涅槃。〔註3〕

據此，則必須在六識上安立第七識方可。小乘上座部之犢子系及其支派正量、法上、賢冑、密林山首先建立不可說之補特伽羅。此補特伽羅，義譯爲「數取趣，數者，取五趣而輪廻之義也。」〔註4〕即不斷招受五趣生死之輪廻主體，所謂：

若離補特伽羅無從前世轉到後世，依補特伽羅說有轉移。〔註5〕

此外，經量部則言一味蘊，而化地部更密意說此名窮生死蘊。〔註6〕凡此種種名目，俱無非欲立一相續心識以作生死流轉及涅槃還滅之所依而已。

至於此心之屬染屬淨問題，原初亦無嚴格區別，部派佛教據《異部宗輪論》所載謂大眾部即主「心性本淨，客隨煩惱之所雜染說爲不淨。」〔註7〕依此派之主張以爲心是能覺了性，念念生滅之有漏心雖或善或惡，而心之覺性，則是明了，此明了之覺性，即是淨心；分別論者則以爲「染污不染污心，其體無異。謂若相應煩惱未斷，名染污心，若時相應煩惱已斷，名不染心。」〔註8〕此種說法與一心相續論者言「隨眠心」之論調一致，彼云：

若聖道未現在前，煩惱未斷故，心有隨眠，聖道現前，煩惱斷故，心無隨眠，此心雖有隨眠，無隨眠時異，而性是一。〔註9〕

就此派之觀點而論，將心與心所分別觀察，則心只有了知作用，本身談不上善惡，唯心畢竟不能離却心所而生起，若其與慚、愧、信之善心所合作，此就是善心，若與貪、瞋等合作，就是惡心；若不與善惡心所合作相應，則是無記性。總之，善惡究屬外鑠，終非心之本性，心之本性只是無記之中容性而已。〔註10〕

由於「心性本淨」說有各派不同之看法，故影響後之大乘佛學，有唯眞心之《勝鬘》、《楞伽》等經，亦有唯妄心之《解深密經》與《攝大乘論》等。唯此眞心派與妄心派未形成之前，所謂三界唯心，萬法唯識，原初亦無顯著

〔註3〕　《成唯識論》卷一，《大正》三一，頁2上中。
〔註4〕　參照丁福保《佛學大辭典》，頁2260。
〔註5〕　《異部宗輪論》，《大正》四九，頁16下。
〔註6〕　見《攝大乘論》卷上，《大正》三一，頁134上。
〔註7〕　《異部宗輪論》，《大正》四九，頁15下。
〔註8〕　《大毗婆沙論》卷二七，《大正》二七，頁140下。
〔註9〕　《大毗婆沙論》卷二二，《大正》二七，頁110上。
〔註10〕　可參照《隨相論》，《大正》三二，頁163中。

之區別，兩者之間亦非絕不可通者，以眞諦譯世親《攝大乘論釋》所引《大乘阿毘達磨經》之偈「此界無始時，一切法依止，若有諸道有，及有得涅槃。」〔註11〕爲例，若順《攝論》原意，應是以阿賴耶爲所依止，此乃生死流轉之因，雖於餘處說爲無覆無記，然其體性本是染污，以其執持種子識爲生死因故。唯眞諦譯《攝論釋》於此頌後又引文曰：

> 今欲引《阿含》證阿黎耶識體及名《阿含》謂《大乘阿毘達磨》此
> 中佛世尊說偈，此即此阿梨耶識界，以解爲性。〔註12〕

此即不以迷染爲性，而以覺解爲性，其義又近於如來藏矣。眞諦之釋固不合攝論之原義，但亦非誤，蓋堅慧（一說世親）之《究竟一乘寶性論》亦曾引此頌之「界」字作如來藏解，〔註13〕心識之眞妄問題，於早期之唯識學亦未有顯著之分別爲偏眞或偏妄也。

《解深密經》首先確立第七識之阿陀那，爲一切法之所依持，義取執持，故屬染污。〔註14〕至於確立第八識之阿賴耶者，始於無着之《攝大乘論》。考阿賴耶識之說，起於西北印之說一切有系。其初此識亦有聖義，古地論師即以此識爲眞心佛性，阿賴耶識是聖識。〔註15〕眞諦譯之《攝大乘論》則以「解性」釋阿賴耶識，亦未以之爲妄也。唯阿賴耶之見於小乘《阿含經》則義取執着，如云：

> 《增益阿含》中說，喜樂阿梨耶世間，及著阿梨耶，阿梨耶所成，
> 並求阿梨耶，滅阿梨耶故〔註16〕

雖則初不以此名識，唯染着實爲三界流轉之根源，故玄奘譯阿賴耶爲「藏」。〔註17〕「藏」有能藏、所藏、執藏三義，其釋「能藏」，「所藏」謂「與雜染互爲緣故」。釋「執藏」則曰：「有情執爲內自我故」〔註18〕則又偏取其虛妄義矣。

〔註11〕《攝大乘論釋》，《大正》三一，頁156下。
〔註12〕同前註。
〔註13〕頌云：「無始世來性，作諸法依止，依性有諸道，及證得涅槃。」見大正三一，頁839上。
〔註14〕參照《解深密經》，《大正》一六，頁692中下。
〔註15〕卷十云：「復住報行成者，善住阿黎耶眞如法中故。」《大正》二六，頁180上。
〔註16〕《攝大乘論》，《大正》三一，頁98上。
〔註17〕見《成唯識論述記》，《大正》四三，頁301上。
〔註18〕參照《成唯識論》卷二，《大正》三一，頁7下。

如來藏說起源於東南印之大眾分別說系，始見於《勝鬘》、《楞伽》等經。所謂「如來」者，即諸法如義，所謂「藏」者，有三義：約所攝義說，一切眾生是如來藏；約隱覆義說，如來平等法性為煩惱所覆障，名如來藏；約能攝義說，一切眾生皆具如來智慧德相（稱性功德）故名為藏。〔註19〕如來藏具此三義，故《勝鬘經》云：

> 如來藏處說聖諦義，如來藏處甚深，故說聖諦亦甚深。〔註20〕

又考如來藏之思想淵源，起初並沒有與心性本淨相關連，然在如來藏說流傳中，眾生身中有清淨如來藏，此與「心性本淨，客塵所染」之大眾分別說系之思想近似，故「心性本淨」遂成為如來藏學說之重要內容矣。〔註21〕

至於最先論及如來藏與阿賴耶識二者關係之書是《密嚴》、《楞伽》等經。《密嚴經》云：

> 佛說如來藏，以為阿賴耶，惡慧不能知，藏即賴耶識。〔註22〕

宋譯《楞伽》卷四亦云：

> 如來之藏是善不善因，能遍興造一切趣生，（中略）為無始虛偽惡習所熏，名為識藏，生無明住地與七識俱。（中略）欲求勝進者當淨如來藏及識藏名大慧！若無識藏名如來藏者則無生滅。〔註23〕

就此「識藏」之複合詞而言可謂兼有不覺之迷染性與覺解之超越性兩面，故可言「善不善因」。質言之，此「識藏」乃依不生不滅（如來藏）與生滅（無明）之和合而有生死流轉；依「識習氣剎那，無漏習氣非剎那。」〔註24〕及「非自真相識滅，但業相滅」〔註25〕之原理而有清淨還滅，此與《起信論》言「不生不滅與生滅和合，非一非異，名為阿賴耶識。」〔註26〕意義近似。故云《起信論》思想乃承《楞伽經》而來，亦非無故也。

又此印度唯心與唯識二系思想傳入中國後，方有地論師之出現。考「地論」一名，乃取自世親之「十地經論」者，此論乃從《華嚴經》中之〈十地品〉抽出加以詮釋。除六識外，復說阿賴耶識及自性清淨心等問題。此論於

---

〔註19〕 參照《佛性論》卷二，《大正》三一，頁795下至796上。
〔註20〕 《勝鬘經》，《大正》一二，頁221中。
〔註21〕 參照印順法師《如來藏之研究》，頁67。
〔註22〕 《密嚴經》，《大正》一六，頁747上。
〔註23〕 《楞伽經》卷四，《大正》一六，頁510中。
〔註24〕 同前註，頁512中。
〔註25〕 同前註卷一，頁483中。
〔註26〕 《大乘起信論》，《大正》三二，頁576中。

北魏永平元年（西元 508 年）由菩提流支、勒那摩提，及佛陀扇多等三人合譯。由於各自翻譯，內容出入頗大，故魏宣武帝特命慧光法師將之合譯為一，即今通行之譯本。慧光之糅譯，雖不偏於一方，但因其思想較近於摩提，所承受其思想者亦較多。另有道寵法師，親從菩提流支學《十地經論》，故亦以其思想為準，遂分裂為二派，即北道之道寵派及南道之慧光派。此二派之分岐在對心看法之差異，良由《地論》之中心思想雖屢言阿賴耶識，卻未明示此識之真妄也。故有二派之計執。《法華玄義釋籤》卷九上云：

> 陳梁以前，弘地論師者，二處不同，相州北道，計阿賴耶以為依持，
> 相州南道，計於真如以為依持，此二論師俱稟天親，而所計各異，
> 同於水火。〔註27〕

實則，依八識建立說，前五是識、第六是意、第七是染污心、第八是真如淨識。故相州南道之真如依持說，理論上較為合理；但北道之以第八阿賴耶為真妄和合識，則又與《起信論》之思想較為接近。〔註28〕唯無論如何，此二派所爭者，亦無非在染淨之層次上耳。如染在第七，則淨在第八；染在第八，則淨在第九。染則為經驗心，淨則為超越心，此兩派雖所計名異，亦未嘗不立一真心作成佛之超越根據也，則賴耶雖通真妄，而重心仍在真也。故有疑《起信》乃由地論師而加以調和者，亦非無可能也。

至真諦來華，傳無著世親之學於嶺表，其所譯經論頗多，唯影響最大者，實為《攝大乘論》。此論之中心思想，主要在「依止勝相品」，成立阿賴耶識之實有，而諦譯《攝論》之思想特色是以「解性賴耶」釋《阿毘達磨大乘經》之「界」字。故其義是如來藏而異於世親之釋「界」字為一切雜染有漏法之種子者。原來一切法作根源之說明時，因著流轉還滅之所依不同而有真妄二派不同之見解，妄心派以阿賴耶識為依持，諸如《成唯識論》等是；真心派以如來藏為依持，如《勝鬘經》等是。把界字釋作解性，或許是據此見解。故攝論家對此第八識既不言其真，亦不說其妄，所謂「八識有二義，一妄二真，有解性義是真，有果報識是妄用。」〔註29〕質言之，即是真妄和合識，如此，則又與《起信論》之說法相類矣。〔註30〕近人有以為真諦傳無著世親唯識之學，必無《起

---

〔註27〕《法華玄義釋籤》，《大正》三三，頁 942 下。

〔註28〕此言弘《地論》之法師思路接近《起信論》非謂世親之《十地經論》義理據《起信》也。

〔註29〕《中觀論疏》，《大正》四二，頁 104 下。

〔註30〕《攝論》與攝論師不同，以後者之「解性賴耶」滲有真諦之增益見解，非謂

信論》之譯，〔註31〕今觀諦譯《攝論》大有融貫此唯識學上眞妄二派思想之傾向，以此推之，則又不能抹煞其譯《起信論》之可能矣。〔註32〕

　　總之，《起信論》一書如無法證明其爲馬鳴所造，則就思想史之發展歷程而言，亦宜成於眾說皆出之後，雖然吾人不能確定其作者爲何人，但以其義理架構觀之，則似成於地，攝二宗立教後較爲可信。撇開作者不論，此書義理應無問題，乃屬眞常唯心一系。且亦是整個唯識學順分解之路說明一切法生起之理論最成熟而又最後之集大成者，華嚴宗之法界緣起，其圓教之義理規模亦是沿襲此書。唯依天台判教，此宗仍非眞圓，以偏指清淨眞心，必至緣理斷九也。依天台則言一念三千，既非唯眞心，亦非唯妄識，而是就性具說而言實相學也，彼之義理自有其思想淵源，俟在第三章詳述，茲不復敍矣。

# 第二節　《起信論》之一心開二門

　　本論是以如來藏自性清淨心爲主，虛妄熏習爲客之典型唯心論著作。其特色乃是先預設一眞心作爲一切法生起之依據。此即是如來藏自性清淨心。由於把眞如空理納於心上，故非但理而亦是心，是爲眞常心。是心方能活動，故有隨緣義，而異於法相宗之言「凝然眞如」者。至於全論之義理精華則集中在「立義」與「解釋」二分。前者爲總說，後者則將此大乘之「法」與「義」加以疏解，此即「一心開二門」是也。一心是法，二門則是其義。其言「一」者，並非與二、三相對之一個數字，乃是唯一絕對之意，質言之，「一心」即是最高主體，亦是萬法之源。至於「二門」，則是順此心之兩狀態而言，眞如門旨在說明萬有之實相，生滅門則詳述萬有之緣起。此二門各統攝一切法，就心眞如門說是涅槃還滅地統一切法，就心生滅門言則是生死流轉地統一切法，一切法其實只有一套，悟自心，即是心眞如門，一切法亦俱轉成豐富意義之功德淨法，此即是無執之存有論；迷自心即是心生滅門，一切法便成虛妄染法，此即是執之存有論。然功德淨法非離虛妄染法而自成一套，只就著虛妄雜染，而當體寂滅之，並予以豐富之意義而已。故雖有染淨迷悟二門，其性不二，唯一眞心。

---

　　《攝論》義理據《起信論》也。
〔註31〕見梁啓超《大乘起信論考證》（商務），頁80。
〔註32〕牟宗三老師以爲《起信》乃地攝二宗最成熟之歸宿處，並以眞諦思論推論，《起信》有可能由其本人譯或作也。見《佛性與般若》，頁280。

復次，此真心既是成佛所以可能之超越根據，故是一主體覺性，理應清淨無染，何以又有不覺之無明？關於此點，在生滅門中有詳盡之說明。依本論，妄心是憑依真心忽然不覺而緣起者，此虛妄之生滅心即是阿賴耶識，而「不生不滅與生滅和合，非一非異」則是此識之特性，就此識之爲妄念言，生滅乃是其現實面；就「不生不滅」言，則是其理想面，此二者並存而爲阿賴耶識所有，此即是「和合」。朝向理想面，則有覺性活動，順現實面滑轉，則有不覺之迷蔽。由於此識具備此雙重性格，故得由生滅門說明生死流轉與涅槃還滅兩種理論之可能也。

然復須知，妄識乃憑依於真心而緣起者，真心自身則未嘗起也。只因無明之介入，故間接言真如緣起耳。以眾生雖有此超越真心作其成佛之潛能，唯就現實面之眾生言則其無始無明也無始來成就，以未登佛位，故能熏習真如使其覺性不顯，而有種種迷染事用，雖有迷染而真心自身則未嘗不覺也，偶一惺悟，即能洞破無明，化念歸心。如水本無波，因風起浪，風止則浪息，波浪（生滅妄念）畢竟不是水體（真如）之事用，以風（無明）介入，遂使水體（真心）不守自性，而起現波浪（生滅妄心），波浪雖非水體，而不離水體，又如惡奴在外作威作福，而把一切罪過記在主人身上，雖非其親幹，亦脫不了關係也。《勝鬘經》言「自性清淨心而有染污，難可了知」，實則，此種「不染而染」之理論在知解上亦非真「難可了知」。只要了解雜染法乃由無明之介入而緣起，所謂「煩惱不觸心，心不觸煩惱」，煩惱是煩惱，心是心，二者搭不上，沾不着，以彼此不相應，故知煩惱（無明）終究是客塵。況真心自身亦有內熏之力，故此心雖爲無明所熏而現生滅心念，由不染而染，但亦因真如內熏之力，熏習無明，令其不起，自然化念歸心，轉識成智，遂由生滅門轉入真如門而復歸於唯一清淨真心矣。

總之，迷悟在乎「一心」，迷自心即是六道眾生，乃此心之現實面，是爲眾生心，亦即在纏之如來藏。悟自心即是佛，此乃理想面之真心，亦即出纏之佛法身。故「一心」亦即是眾生心，但以迷悟與否強分耳。實則在聖不增，在凡不減，以「一心」此一最高之主體性並非外在於各眾生心也，故可聖凡互通，同證「一心」也，以下再分別說明。

## 一、眾生心爲眾生成佛之超越根據

就大乘之所以爲大，本論先以法與義說明，彼云：

> 所言法者，謂眾生心，是心則攝一切世間出世間法，依於此心顯示
> 摩訶衍義，何以故？是心眞如相即示摩訶衍體故，是心生滅因緣相
> 能示摩訶衍自體相用故。
>
> 所言義者，則有三種，云何爲三？一者體大，謂一切法眞如平等，
> 不增減故，二者相大，謂如來藏具足無量性功德故；三者用大，能
> 生一切世間出世間善因果故，一切諸佛本所乘故，一切菩薩乘此法
> 到如來地故。〔註33〕

就此大乘法體而言，即是眾生心。此心乃一如來藏自性清淨心，此是把諸法
空如之理吸於般若智心上說，故是眞如心，亦是心眞如，就此如理而言，一
切六凡三聖俱是此心，在聖不增，在凡不減，在迷即是眾生心，在悟即是佛
心。《維摩詰經・菩薩品》第四云：

> 一切眾生皆如也，一切法亦如也，眾聖賢亦如也。至於彌勒亦如也。
>
> 〔註34〕

就此法空性而言，故是一聖凡互通之心，一如無二如，遍一切平等一味，故
稱體大。就如來藏說，此是將眞如空理吸於心上說，故非只是寂滅之但理，
亦具足恆沙佛法佛性，無量稱性功德，故稱相大。就還滅解脫說，則能生起
世間或出世間善因果之作用，故稱用大。一切諸佛俱乘此眞心而爲佛故。一
切菩薩亦將乘此法至如來地，以此推之，一切眾生成佛亦須如此，故知此眞
心法乃眾生成佛所以可能之內在超越根據也。

唯此超越眞心之預設必在佛性觀念確定後方可出現。蓋就小乘三藏教而
言，只談六識，故是「功齊界內，智不窮源」，所證只是有量生滅四諦，化緣
已盡即灰身入滅，但見無常而未見於常，以其無常住佛性之義也。至龍樹中
論，雖被天台判爲通教，然其所謂大乘者，亦只就其心願之大與「體法空」
觀法上之巧度而已，彼亦無眞常佛性之說也。依中論，佛性乃指執佛有自性
者說，而自性是一種執着，執有自性，則佛已非依因待緣修成矣。故彼云：

> 眾緣中有法，是事則不然，性從眾緣出，即名爲作法，性亦是作者，
> 云何有此義，性名爲無作，不待異法成。〔註35〕

故自性與緣起實不相容而並存者，說自性即非緣起，說緣起即無自性，佛性

---

〔註33〕《起信論》，《大正》三二，頁575下至576上。
〔註34〕《維摩詰經・菩薩品》，《大正》一四，五四二中。
〔註35〕《中論》卷三，《大正》三〇，頁19下。

固含常樂我淨義，此自性即有所不空，見不空即有所執，此不空之執着，亦須破之，故云：

　　　大聖說空法，唯離諸見故，若復見有空，諸佛所不化。〔註36〕

所謂：

　　　諸法常無性，佛種從緣起。〔註37〕

故知一切眾生之成佛俱靠後天努力發心修行，待緣而成。所謂「相積集成性也」。是以眾生之成佛應無決定性可言。

　　至於眞常佛性之觀念，最先見於印度典籍者，乃《大般涅槃經》。此經傳爲佛滅度前，欲示一切無常義，故說涅槃之常、樂、我、淨，示佛雖滅度而常住世間也。

　　所謂佛性，約有二義，其一是就佛之體段而言一切眾生悉有佛性，意即悉有成佛之潛能，但爲煩惱所覆，不得顯而已。此種潛在之佛，即是如來藏。此如來藏有二義，一是藏庫，一是潛藏，前者表示不空，如來法身是無量無漏功德聚，後者表示此不空之法身爲煩惱隱覆而不顯。其二是就所以能顯此佛之體段之性能，故就此能顯之性而言佛性。此亦即成佛所以可能之超越根據。就眾生有佛之體段而言正因佛性，就眾生之所以能顯此佛體段之性能而言緣了二因佛性，此即所謂三因佛性。正因佛性乃是客觀說之法佛性，緣了二因佛性則就主觀說之覺佛性。由佛果說佛性就是佛之體段。轉爲因地而說即是正因佛性。所謂一切眾生悉有佛性乃是就此正因佛性而言。實則一切眾生皆可成佛，只是無始以來，眾生因無明不覺，而使此正因佛性不顯而已。依天台，此即是「眾生在理」之「理即佛」是也。如能通過般若觀智，即空、即假、即中、即是了因顯發，故能慧行正道，即是智德，實踐禪定，斷除煩惱而得解脫，此即行行助道，故稱福德。此兩種德本自有之，故曰性德。通過修行，性德了因滿，即爲般若。性德緣因滿即爲解脫，此緣了二佛性皆不假外求，視乎是否顯發而已。

　　《涅槃經》卷二十七〈師子吼菩薩品〉第十一之一云：

　　　佛性者，名第一義空，第一義空名爲智慧，所言空者，不見空與不
　　　空，智者見空及與不空，常與無常，苦之與樂，我與無我。空者一
　　　切生死，不空者謂大涅槃，乃至無我者即是生死，我者謂大涅槃，

────────────

〔註36〕《中論》卷三，《大正》三〇，頁18下。
〔註37〕《法華經‧方便品》，《大正》九，頁9中。

> 見一切空，不見不空，不名中道，乃至見一切無我不見我者，不名
> 中道。中道者名爲佛性，以是義故，佛性常恆，無有變易，無明覆
> 故，令諸眾生不能得見。〔註38〕

此言涅槃之所以爲大，所以爲不空之常、樂、我、淨，正因其即於生死法之無常、苦、空、無我，而如實見，不加任何執着，即轉而爲其自身之常、樂、我、淨。此亦即把《般若經》之「不壞假名而說諸法實相」〔註39〕及《維摩詰經》之「除病不除法」〔註40〕收於涅槃法身上說。此眞空即是妙有，亦即是佛性，佛性爲超越之眞我，因是眞常，故不空。空、無常之我乃就現實面之經驗自我而言，其理想面之眞心佛性則未嘗空也。正因如此，故能肯定一自覺心之主宰力，肯定成佛之不受限制，此佛性對眾生而言，即爲眾生之正因佛性，雖隱伏未顯，亦不失爲一潛存之佛，故一闡提亦有成佛之可能，此固出於佛之悲願，以見佛性心中有眾生，必見眾生心中有佛性，皆欲嚮往成佛，而不忍見眾生之有不能滅度者。故本論雖言眾生心，實則是一聖凡互通之心，以最高之主體覺性（佛心）非外在於眾生心也，故就此心之在眾生之隱而不顯而言則是眾生心，就佛之全幅彰顯而言則是法身，故眞如佛心與眾生心二者之分別在迷悟與是否證顯而已，此是就現實面而言，若就其理想面而說，則聖凡同屬一超越眞心。質言之，大乘因果，總之不離一心。

## 二、一法界大總相法門體之本體論生起義

此眾生心既是眾生所必具，亦是成佛之先驗根據，故本論即就此心之義，述說二門，彼云：

> 顯示正義者，依一心法有二種門皆各總攝一切法，此義云何？以是
> 二門不相離故。〔註41〕

此即以一心開二門分說生死流轉與涅槃還滅。以染法歸生滅門，淨法歸眞如門，而此二門之一切法又俱統攝於一心。其中淨法是直接地統，染法則是間接地統。一切法其實只有一套，染淨視乎一心之迷悟，迷自心即是流轉地攝一切法，此即是生滅門。悟自心即是還滅地攝一切法，此即是眞如門。唯還

---

〔註38〕《涅槃經》卷二七，《大正》一二，頁 523 中。
〔註39〕《大般若經・散華品》，《大正》八，頁 277 中。
〔註40〕《維摩詰經・問疾品》第五，《大正》一四，頁 545 上。
〔註41〕《大乘起信論》，《大正》三二，頁 576 上。

滅必就生滅門所流轉現起之一切法而還滅之，並因而總攝之，非另有一套法爲其所總攝也。

其解說心眞如門則曰：〔註42〕

> 心眞如者，即是一法界大總相法門體，所謂心性不生不滅，一切諸法唯依妄念而有差別。若離心念，則無一切境界之相。是故一切法，從本已來，離言說相，離名字相，離心緣相，畢竟平等，無有變異，不可破壞，唯是一心，故名眞如。

> 以一切言說假名無實，但隨妄念，不可得故，言眞如者，亦無有相，謂言說之極，因言遣言，此眞如體無有可遣，以一切法悉皆眞故，亦無可立，以一切法皆同如故，當知一切法，不可說，不可念故，名爲眞如。

此言心眞如者，心即眞如也。此是就《般若經》「緣起性空」遣執蕩相後所見之諸法空性，納於般若智心上而說。換言之，即就「緣起性空」上見諸法之不生不滅，不斷不常之諸法如理，通過唯心而言此心之不生不滅，不常不斷。此般若智心即與如理結合，使得原來作用之般若變爲實體性之般若。故名心眞如，眞如心，而龍樹之《中論》但言「緣起性空」，《般若經》亦只言「不壞假名而說諸法實相」。此乃就一切法取現成之態度，在般若活智下如之，如之而成就一切法。依牟宗三老師之意以爲此種具足乃作用之具足，而非存有論之具足。〔註43〕至於本論心與如理合一，使原本作用之般若而成實體性之般若，由此而言一心開二門而各總攝一切法。換言之，即由作用之具足進至存有論之具足。由心生滅門言執之存有論，由心眞如門言無執之存有論。此二門之法雖有染淨，而其性不二，唯一眞心，遍一切處，平等一味。以生滅法雖繫屬於生滅心，唯此生滅心念乃依無明不覺而有，憑依眞心而起，以法之空如無性繫屬於眞心故。心眞即法眞，心如即法如，在般若智證下，一切染淨諸法無非實相，實相一相即是如相，即是無相。故心眞如即一切法門之如性、眞性，此是諸法門之體，故謂「一法界大總相法門體」。並由此而言智如不二，色心不二。念念執着，即有差別境界之相，化念歸心，捨染還淨，則諸法無非實相，法法皆如，不生不滅，唯是一心，不可破不可立也。

又此作爲「一切法大總相法門體」之眞心隨緣而生染淨法。此即是以眞

---

〔註42〕同前註。

〔註43〕參照牟宗三先生《佛性與般若》，頁79。

心為「體」說明一切法生起之根據矣。若就原初緣起性空，依他無性之空如理而言，應無所謂體用，唯如理與真心為一時即有實體性之意味，此時之空如即非空如理，而是真如心。以空如理已被沒入於真心而從心，見真心即見諸法之空如無相，此時之真心即為一實體性之實有，此即所謂「真空妙有」而有本體論生起之嫌矣。

復次，此種以阿賴耶識或如來藏為依持而建立一切法之說乃是據部派佛教之「補特伽羅」發展完成者。智者即嘗斥犢子部為「附佛法外道」〔註44〕實則非但補特伽羅，即使如來藏亦不免有梵我之嫌。以如來藏說常、樂、我、淨故也。至本論則更進而把真如理納於心上，由此一心而言二門，由生滅門說明現實面之眾生心因無明之介入而有不覺染法，復由其理想面而言真如內熏而有功德淨法，如此自難免有梵我之嫌矣。此所以王恩洋先生《大乘起信論料簡》謂真如能生萬法者，不僅違失法性，亦壞緣生也，彼云：

> 今汝真如能生萬法，萬法從真如生，而真如不從餘生，真如但能生而非是所生，真如性常一，萬法非常一，有如是等之不平等。是為不平等因。因既不平等，則汝真如與諸外道、梵天、上帝、時方、自然、世性、我等有何差別？〔註45〕

雖然王氏以唯識宗之立場評判《起信》，難免有門戶之見，非中肯之論。然而《起信論》有梵我之嫌，有本體論生起之架勢，則是不爭之事實。然而嫌疑只是嫌疑，畢竟並非事實，以此嫌疑實可在合理之解釋下打散也。蓋佛說如來藏，貌似梵我，而實不同。此乃方便接引外道之計我，及愚夫之畏無我者，故說無我如來藏，誠如宋譯《楞伽經》卷二所言，彼云：

> 云何世尊向外道說我，言有如來藏耶！世尊！外道亦說有常作者，離於求那，周遍不滅。世尊！彼說有我。佛告大慧：我說如來藏，不同外道所說之我。大慧！有時說空、無相、無願、如、實際、法性、法身、涅槃、離自性、不生不滅，本來寂靜自性涅槃。如是等句，說如來藏已，如來應供正覺，為斷愚夫畏無我句，故說離妄想無所有境界如來藏門。（中略）不同外道所說之我，是名說如來藏。開引計我諸外道故，說如來藏，令離不實我見妄想入三解脫門境界，希望疾得阿耨多羅三藐三菩提。是故如來應供等正覺作如是說如來

---

〔註44〕《摩訶止觀》卷十上，《大正》四六，頁 132 中。
〔註45〕見《大乘起信論真偽辯》，頁 21。

之藏，若不如是，則同外道，是故大慧！為離外道見故，當依無我

如來之藏。〔註46〕

據此，則所謂「無我如來之藏」實乃佛所證之一種「如如智與如如境」之境界，非謂有一客觀本體之無限實有之梵我也。

至於本論之言如來藏真心之隨緣不變與不變隨緣之說，但從表面觀之則似有本體生起之架勢，實則染法之生因只是無明識念憑依真心而緣起者，方便說為緣起，其實與真心無關，其本身乃起而不起，染而不染。彼與染法並不相應，所謂「煩惱不觸心，心不觸煩惱」，彼此沾不上故又能就此染法而起還滅功用，通過真如內外熏習之力而得清淨法。斷盡無明，則仍歸於「無我如來之藏」，此時實體性之意味即消失，仍只是「如如智與如如境」而已。

至於由《起信論》真如緣起說進至華嚴宗之法界緣起，就佛法身言大緣起陀羅尼法，亦無所謂緣起，以法界緣起乃就佛法身之實德說，一切法俱是因地緣修時通過還滅而帶進來者，故亦是不起而起，起而不起之性起。依賢首大師，恰當之性起唯自佛自證之境界說，自海印三昧之實德說，此時唯是淨法而無染法，此種大緣起因陀羅尼法，一時炳現之性起，與因地時之「不變隨緣」說並非同義。以此純粹是就佛法身之因圓果滿說，換言之即是「性起唯淨」說。此是順《起信論》以至華嚴宗唯真心說所有之思路。還滅時必須「緣理斷九」方能證成此種境界，故佛仍是與九界隔絕而為權佛，此所以天台宗稱此派仍非終圓究竟，只是別教而已。如知禮《十不二門指要鈔》即云：

他宗明一理隨緣作差別法，差別是無明之相，淳一是真如之相，隨緣時則有差別，不隨緣時則無差別，故知一性與無明合方有差別。正是合義，非體不二。以除無明無差別故。今家明三千之體，隨緣起三千之用，不隨緣時，三千宛爾，故差別法與體不二，以除無明有差別故。驗他宗明即，即義不成，以彼佛果唯一真如，須破九界差別，歸佛界一性故。〔註47〕

據此，則「別教中無性德九故，自他俱須斷九也。」〔註48〕依天台，則就吾人當前介爾一念妄心即具三千法而說，所謂「一念無明法性心」是也。無明無住、無明即法性，法性無住，法性即無明。念念執着則「三千在理同稱無

〔註46〕宋譯《楞伽經》卷二，《大正》一六，頁489上中。

〔註47〕《十不二門指要鈔》，《大正》四六，頁715中。

〔註48〕同前註。

明」，念念不執，則「三千果成咸稱常樂」。染淨就主觀之迷悟而言，非就客觀之法門說也。所謂「除無明有差別」者，即是「除病不除法也」。執念可除，客觀之染淨法門實不可改也，天台由此「即具」而言「一念三千」、「三諦三觀」。一念心乃是就在迷在理之煩惱心而言非就清淨真心說也。唯通過圓頓止觀，解心無染，一切法即空、即假、即中，此無明之一念亦轉而爲清淨之法性心矣。低頭舉手無非佛道，一色一香無非中道，雖非色香，而色香宛然，滅而不滅，除病不除法也。故能煩惱心遍即佛體遍，圓融無礙而無別教隔別九界之權矣。故無所謂「理總事別」能所之分，亦無《起信論》以至華嚴宗之本體論生起之嫌疑。蓋天台言「體」乃就無明與法性同一事體而說，即只有一個當體，而無分別之兩個當體，亦非約一實體說也。

## 三、真如心之如實空與如實不空義及但中之理

以下則就空不空如來藏說實相理。〔註49〕

> 復次，此真如者，依言說分別，有二種義。云何爲二？一者如實空，以能究竟顯實故，二者如實不空，以有自體具足無漏性功德故。
>
> 所言空者，從本已來，一切染法不相應故。謂離一切法差別之相，以無虛妄心念故。當知真如自性非有相、非無相、非非有相、非非無相、非有無俱相、非一相、非異相、非非一相、非非異相、非一異俱相，乃至總說，依一切眾生，以有妄心，念念分別，皆不相應，故說爲空。若離妄心，實無可空故。
>
> 所言不空者，已顯法體空無妄故，即是真心常恆不變，淨法滿足，則名不空，亦無有相可取，以離念境界，唯證相應故。

此真心既是如，亦是心，故不只是一般「緣起性空」所陳述之空理而已。以空理只是理，並無功用，不備諸法故。是以此真心應含二義：即如實空與如實不空。（言如實者，明二者皆實相也。）就空諸妄念，顯真心實相，說如實空，此真心自體則不空，蓋妄念本來無體，乃由無明憑依真心而起者，此幻起之諸相，在般若智照下，悉皆空寂，故雖無始以來，與真心同在，彼此實不相應，故名如實空。

又此離念心體，屬主體覺性，非認知對象，故無名言差別之相。〔註50〕

---

〔註49〕《大乘起信論》，《大正》三二，頁576上中。
〔註50〕依本論，現差別之相是因有無明之介入，除無明即無差別矣。

所謂：

> 當知眞如自性，非有相，非無相（中略），非一異俱相。〔註51〕

亦即謂此眞如當體即是離四句，絕百非之超驗主體，是智證之境，非經驗識心之認知對象也。

又此眞心自體具足淨法（無量無漏性功德）而言如實不空時，必須注意者是此心所具足之淨法，在因地未修顯之時，亦只是理上具足而已，所謂「眾生但理，諸佛得事」，必須通過還滅而成果佛，方有事用。故就佛果說是淨法滿足。常恆不變，故名不空，雖言不空，而妙有非情執之有，故亦無相可取，要之，乃智證之境，非心緣念慮所至也。

又本論之如實空與如實不空義乃據《勝鬘經》之空不空如來藏而來，如經云：

> 空如來藏，若離若脫若異一切煩惱藏。〔註52〕

即同本論之：

> 空者，從本已來一切染法不相應故。〔註53〕

> 不空如來藏，過於恆沙不離不脫不異不思議佛性。〔註54〕

亦同本論之

> 即是眞心常恆不變，淨法滿足。〔註55〕

至於宋譯《楞伽經》則云：

> 若無識藏名如來藏者，則無生滅，（中略）雖自性淨，客塵覆，故猶
> 見不淨。〔註56〕

此明生滅之客塵是如實空，不生不滅，自性清淨之如來藏則是如實不空，亦與本論思想相近似。唯《楞伽》是把如來藏藏識混爲一談。《勝鬘》則雖無識藏之合名，但亦非無其義，如云：

> 如來法身，不離煩惱藏，名如來藏。〔註57〕

至於本論則分別所屬，如把連於藏識之如來藏歸於心生滅門，而將此眞心自

---

〔註51〕《大乘起信論》，《大正》三二，頁576上中。
〔註52〕《勝鬘經》，《大正》一二，頁221下。
〔註53〕《大乘起信論》，《大正》三二，頁576上。
〔註54〕《勝鬘經》，《大正》一二，頁221下。
〔註55〕《大乘起信論》，《大正》三二，頁576中。
〔註56〕宋譯《楞伽經》，《大正》一六，頁510中下。
〔註57〕《勝鬘經》，《大正》一二，頁221下。

已歸於心真如門，如此分割，則較《楞伽》之混而爲一，顯得較嚴謹。

又此空煩惱，自體不空，具足如來藏恆沙佛法佛性之真空妙有之中道，是《勝鬘》、《楞伽》、《起信》等一系統特有之思路。此是依於如來藏自性清淨心方可說。換言之，即必須透過如來藏恆沙佛法佛性一觀念，對一切法已作存有論之說明後方成立。故其所言之空與不空，與一般緣起性空所陳述之空理有別。蓋《中論》明空有，只在「緣起性空」上說世俗假名有，勝義畢竟空，不許另有一不空之法體。所謂：

> 眾因緣生法，我說即是空，亦爲是假名，亦是中道義。〔註58〕

此不有不無之中道，實只是空之異名，旨在說明不偏空，故中道空亦可說是中道假，中無實際功用，不備諸法，意在蕩相遣執，非有實體意味也。

法相唯識宗亦言如來藏自性清淨理，唯此是就依他起上去除染依他所顯之圓成實性，此真實性之理只是一空如之理。「理」是被依照之標準，非有實際之功用，依唯識宗，真如既非能熏，亦非所熏，恆沙佛法須通過加行（功德藏）方顯，由此說染依他轉成淨依他（熏成無漏種），此乃由後天努力之加行功夫，非理上具備不空之恆沙佛法也。

當然，本論之空煩惱，自體不空之具足如來藏恆沙佛法佛性之真空妙有之中道，就天台宗觀之，仍只是但中之理而已。但中者，意謂作爲真心之中理，仍只是理，其本身非性具一切法也。換言之，即只是理，非即於無明煩惱之理也。以本論所謂之「一法界大總相法門體」，只能說明淨法。染法之生起必須透過阿賴耶識。即無明識念憑依真心方起現，非意味真心自體具備染法也。此天台荊溪湛然大師所以謂其「真如在迷，能生九界。」〔註59〕四明知禮亦謂其「但理隨緣作九，若斷無明，九界須壞。」〔註60〕但理爲九界覆（真如在迷），亦爲九界之所依（能生九界），破此九界方能顯真心法性之果佛。此真如心證顯成佛，則九界自絕。換言之，九界差別之法俱是真心隨緣起現與隨緣修行過程中之事。修行滿而成佛，則過程自捨，而九界差別亦絕。

又此真如隨緣，意味此真心之無住性，因其不守其自性清淨而陷溺，故能隨緣以俱起。又此真心雖無住而即於無明，而其性本自清淨，就此「不變」義顯示此真心與無明究屬異體而不相即，故有能覆所覆，無明爲能覆，真心

---

〔註58〕《中論》，《大正》三〇，頁 33 中。

〔註59〕《法華文句記》卷一下，《大正》三四，頁 171 上。

〔註60〕《四明尊者教行錄》卷三，《大正》四六，頁 876 上。

爲所覆，故必破無明，眞心始顯，破無明即破九界也。以此九法界中之法猶是無明中之法，故必超過而斷絕九界始能作成佛，此即天台所謂之「緣理斷九」也。緣理者，緣空不空如來藏但中之理也，斷九者，以此但中之理非本具九法界，故成佛必斷九界而始顯佛法界也。是知本論所言之如來藏空不空之中道實相理，必就緣修還滅後方得充實。故一般言如來藏自性清淨心空而不空時，此空而不空之中道，實只是但中之理，須待緣修充實後始方便說一切法趣不空。又此不空如來藏之具足恆沙佛法，亦只是還滅後之清淨法而已，非指隨緣中之情執法也。法是透過佛法身映示下來者，所謂「寄法顯示」是也。換言之，即眞心隨緣起染淨法後，於還滅時把此有漏之染淨法統轉成無漏功德，如此即把一切有差別相之法轉成無差別相之功德而帶進來者，一如本論之所言，彼云：〔註61〕

> 以一切法本來唯心，實無於念，而有妄心，不覺起念，見諸境界，故說無明，心性不起，即是大智慧光明義故；若心起見，則有不見之相，心性離見，即是徧照法界義故；若心有動，非眞識知，無有自性，非常非樂，非我非淨，熱惱衰變，則不自在，乃至具有過恆沙等妄染之義，對此義故，心性無動，則有過恆沙等諸淨功德相義示現。若心有起，更見前法可念者，則有所少，如是淨法無量功德即是一心，更無所念，是故滿足名爲法身如來藏。

是則由明與無明對翻，起見不起見對翻，而顯示種種功德義，此即所謂「寄法顯示」。質言之，有多少妄染，即有多少功德。而功德淨法亦是就佛法身上透映下來者，故多亦只是虛多，而無所謂實多，法身如來藏雖具備一切，實只是具備豐富之意義而無一法可得也。以其所攝具之一切法其本質仍是隨緣起現，非眞性本具也。如此，則眞性與諸法之間即隔別不融，此天台所以仍判其爲別教也。

依天台，圓教之中道實相理是圓中。圓中者性具地一切法趣色、趣空、趣非色非空之謂也。在三道即三德不斷斷中性具一切法也。所謂一心三觀，從假入空觀爲慧眼，一切智；從空入假觀爲法眼，道種智；中道直觀爲佛眼，一切種智。〔註62〕而所觀之空、假、中，即三諦也。即三而一、即一而三，說空、假爲方便，說中爲圓實，而中不離空、假以爲中，是故即空、即假、

---

〔註61〕《大乘起信論》，《大正》三二，頁 579 上中。
〔註62〕參照《修習止觀坐禪法要》，《大正》四六，頁 472 中下。

即中。說空則無假、中而不空，說假則無空、中而不假；說中則無空、假而不中。由體法空故，當體即是無生四諦，亦是無量四諦，無作四諦。所謂「一念無明法性心」，心乃是介爾陰入妄心，非偏指清淨真如也。無明無住，無明即法性，法性無住，法性即無明，法性無明，體同而相即，故無能覆所覆，煩惱即菩薩，生死即涅槃，低頭舉手無非佛道，通達惡際、即是實際，故無九界之法可破，所謂解心無染，迷情可去者，以法門不可改也。此方是不但中。如以上所言，本論之空不空，如來藏中道實相理。無論如何，破九方顯，故是但中，以非即於無明煩惱之理，不具九法界故也。

## 四、隨緣不變，不變隨緣與緣理斷九之性格

### （一）生滅門中阿賴耶識之性格

以下則就心生滅門說阿賴耶識之覺與不覺義，論云：

> 心生滅者，依如來藏故有生滅心，所謂不生不滅與生滅和合，非一非異，名為阿賴耶識。此識有二種義，能攝一切法，生一切法，云何為二？一者覺義，二者不覺義。〔註63〕

依法藏賢首大師《大乘起信論義記》云：

> 真如有二義。一不變義。（指如來藏自性清淨心）二、隨緣義。（指此心能隨染淨緣而起染淨法）無明亦有二義，一、無體即空義，（無明無根，性皆虛妄）二、有用成事義。（能憑依真心而起業用）各由初義，故成上真如門也，各由後義，故成此生滅門也。〔註64〕

以下則就此生滅門而說阿賴耶識之生滅心。此生滅心（阿賴耶識）乃「依如來藏故有」，依「不生不滅與生滅和合，非一非異」而成。所言生滅者，乃指無明風動所引起之念。念無自性，依心而有，故云生滅。所謂不生不滅者，乃指無明識念之憑依因——心真如而言。蓋無明雖為妄念之直接生因，而自體無，必藉真心之助，方能起用。故就此真心之在其自己，即是不生不滅。又此生滅心既依真如而有，則此心已非本來純粹自由之心。故與真心非一，然此迷蔽作用，畢竟是心之迷蔽作用，故與真心非異，二者和合，不即不離，即是阿賴耶識。此種說法與真諦譯《攝論釋》之「解性賴耶」頗為接近。

此識有二義，一者覺義，二者不覺義，就真心在迷，自性不失而言覺，

---

〔註63〕《大乘起信論》，《大正》三二，頁576中。
〔註64〕《大乘起信論義記》，《大正》四四，頁255下。

就無明起用，迷蔽眞心，而言不覺。覺與不覺，明與無明，俱在一識之中，覺即識中之眞相，故能生一切淨法（眞如在其自己之稱性功德）。不覺即識中之業相，故能生一切妄法（無明憑依眞心而起之生滅心念），質言之，一切染淨法，俱於此識而有，故云能生一切法，攝一切法也。

又此阿賴耶識義大抵據《楞伽經》而立。經云：

> 當淨如來藏及識藏名，大慧！若無識藏名如來藏者，則無生滅。
> 〔註65〕

又云：

> 非眞相識滅，但業相滅。〔註66〕

此言眞相識者，即不生不滅之如來藏，所言業相者，即虛妄雜染熏習，就其不生不滅之如來藏而言覺，就其雜染（無明）而言不覺。一識中固含覺與不覺二義，故是一眞妄和合識，覺則轉阿賴耶識之名爲如來藏，不覺則轉如來藏之名爲阿賴耶識。要之，如來藏即阿賴耶之眞體，因不覺而名阿賴耶識而已。

### （二）覺與不覺義

此下則就心體之覺與不覺，再作說明，論云：

> 所言覺者，謂心體離念，離念相者，等虛空界，無所不遍，法界一相，即是如來平等法身。依此法身，說名本覺。何以故？本覺義者，對始覺義說。以始覺者，即同本覺。始覺義者，依本覺故而有不覺，依不覺故說有始覺。又以覺心源故，名究竟覺，不覺心源故，非究竟覺。〔註67〕

其言不覺則曰：

> 所言不覺義者，謂不如實知眞如法一故，不覺心起而有其念。念無自相，不離本覺。猶如迷人，依方故迷，若離於方，則無有迷。眾生亦爾，依覺故迷，若離覺性，則無不覺。以有不覺妄想心故，能知名義，爲說眞覺，若離不覺之心，則無眞覺自相可說。〔註68〕

此言覺或本覺乃是相應心眞如之理想超越性，亦即眞諦所云之「解性賴耶」而言。所言不覺者，則是相應阿賴耶和合識之現實迷染性而說。離念即是覺，

---

〔註65〕《楞伽經》，《大正》一六，頁510中。
〔註66〕《楞伽經》，《大正》一六，頁483中。
〔註67〕《大乘起信論》，《大正》三二，頁576中。
〔註68〕《大乘起信論》，《大正》三二，頁577上。

在念即是不覺。又以真心法體，本性光明，故對始覺而言本覺，而始覺又是對本覺而說。以眾生現實上念念相續，本是不覺，通過修行，方有始覺。故覺有次第，覺至心源，則名究竟覺，由始覺而至究竟覺，即同本覺。

又從覺方面而言，則有智淨相或不思議業相等無量無漏功德；從覺方面言，則又有三細六粗等生滅妄相。凡此種種，在論中已有廣說，茲不再敘。

### （三）不染而染之理論根據

關於眾生自性清淨心而有無明不覺，此義不易解釋，難處在無明究屬客塵，非清淨心所固有也。是以本論於此等關節中亦只能用「忽然念起」，強作說明矣。論云：

> 是心從本已來，自性清淨，而有無明，為無明所染，有其染心。雖有染心而常恆不變，是故此義唯佛能知。所謂心性常無念故，名為不變，以不達一法界故，心不相應，忽然念起，名為無明。〔註69〕

蓋眾生無始已來有阿賴耶識，此識之根本無明也無始來成就。此清淨心為無明所染而現為染心（業識），而清淨心仍不失壞，常恆不變，此義亦見於《勝鬘經》，經云：

> 有二法難可了知，謂自性清淨心難可了知，彼心為煩惱所染，亦難可了知。〔註70〕

又云：

> 煩惱不觸心，心不觸煩惱，云何不觸法，而能得染心。〔註71〕

心既是自性清淨，則只可謂具淨法而不可謂具染法，否則真能起妄，則其真者必屬不真也。為解決此問題，本論遂巧妙地言一心開二門，並由生滅門安立阿賴耶識以方便說明生死流轉與涅槃還滅，就現實面之眾生而言，由於未斷無明，識念遂憑依真心而起妄法，唯就其理想面而言此識所憑依之真心則未嘗不覺，且「以有力故」恆熏習無明而有始覺，至究竟覺則斷盡無明，隨順入真如門，阿賴耶識性滅，如來藏出纏即是法身。故本論雖設二門，而重點仍在真，所謂「真如在迷，能生九界」，為證佛果則九界差別之法勢在必破，此是「性起唯淨」說理論之必然結果也，依天台之判教，此仍屬別教，以仍有所破故。在說明一切法生起之源，天台自始即反對唯真心論，所謂「唯心

---

〔註69〕《大乘起信論》，《大正》三二，頁 577 下。
〔註70〕《勝鬘經》，《大正》一二，頁 222 下。
〔註71〕同前註 222 下。

之言，豈唯真心」，而是就「一念無明法性心」說明三千世間法，此一念即非唯真，亦非唯妄，而是就吾人當前介爾之一念（六識）現起時，依當時利那間之迷悟述說世間法，迷則三千法俱染，悟則三千法俱淨，客觀之染淨三千法門不改，而視主觀之迷悟而論，故無一法可破也，低頭舉手俱成佛道，相相俱屬圓融，此天台性具說之實相學所以為圓教而無唯心論之「自性清淨心難可了知」之難題矣。

### （四）本論之不變隨緣，隨緣不變義

所謂「不變隨緣，隨緣不變」之「不變」乃是就理想面出纏之如來藏自性清淨心而言。此是真心即性（法空性）故是一不變常恆之平等法性。此義，佛家俱有。空宗之「如」是不變，唯識宗於依他起上去除偏計所執所顯現之圓成實性是不變；《法華經》云：「是法住法位，世間相常住」；〔註72〕《般若經》云：「不壞假名而說諸法實相」〔註73〕也是不變；至於《維摩詰經》云：「但除其病，不除其法」〔註74〕亦是不變義。所謂「以有空義故，一切法得成」，〔註75〕此是佛教本義，空宗、唯識宗是如此，講性起（本論及華嚴宗）、性具（天台宗）、性生（禪宗）義者亦沒有違。蓋此乃相應「緣起性空」一觀念，一切法無自性，以空為性。所謂「實相一相，即是如相」，故就此如相言不變也。總之，只要在觀法上進至「體法空」即有此境界，三藏教在觀法上雖有「析法入空」之拙度，然亦只是一時之方便，非謂其不可進至此境界也。

至於「隨緣」是就此阿賴耶識之現實面，順眾生之無始無明，生死流轉而說。荊溪所謂之「真如在迷，能生九界」，此乃就心生滅門方可說也。本論之「不生不滅與生滅和合，不一不異，而為阿賴耶識。」即是真如不守自性，此是迷中之真心，一切染淨法皆憑依之而起，一如波浪之憑依於水。妄法之生因只是無明，真心只是其憑依因。故染法是間接地統歸於真心，雖現染法，而實與真心不相應，故仍不失其自性清淨也。此賢首所以云：

> 雖復隨緣成於染淨，而恆不失自性清淨。只由不失自性清淨，故能隨緣成染淨也。〔註76〕

---

〔註72〕《法華經・方便品》，《大正》九，頁9中。
〔註73〕《大般若經・散華品》第二九，《大正》八，頁277中。
〔註74〕《維摩詰經・文殊師利品》第五，《大正》一四，頁545上。
〔註75〕《中論・觀四諦品》第二四，《大正》三〇，頁33上。
〔註76〕《華嚴一乘教義分齊章・義理分齊》第十三，《大正》四五，頁499中下。

依賢首，前兩句之「隨緣」應就生滅門中之生死流轉而說，故隨緣是有緣有起，必通過無明，「不染而染」而始隨緣者。以真心本身不直接起現，故不即具一切法。〔註77〕

　　至於末二句却非原初生滅門中說生死流轉之隨緣。而是海印三昧中，隨眾生根欲所樂見而圓頓無礙地示現種種象。此乃順真如門之佛果上方可說也。以眾生雖具如來藏自性清淨心，但因無明所纏而不得淨用。故實際上，只是一潛在之佛。淨用必就不覺之還歸本覺上方可說。滅一分無明即得一分淨用，至佛地，如來藏究竟出纏，本具之恆沙佛法佛性即可起用，現不思議業相。論云：

> 不思議業相者，以依智淨，能作一切勝妙境界，所謂無量功德之相，
>
> 常無斷絕，隨眾生根，自然相應，種種而現，得利益故。〔註78〕

故能隨眾生根機起三業（身、口、意）大用，應以何身得度，即現何身，應以何法得度，即說何法，隨機示現，利益眾生。此時若以法言之，只是因地真心在迷，隨緣而起之染淨法，通過還滅修顯後帶進來者，故有多少妄染即有多少功德。論云：

> 心不起，即是大智慧光明義故，若心起見，則有不見之相，心性
> 離見，即是偏照法界義故，若心有動，非真識知，無有自性，非
> 常非樂，非我非淨，熱惱衰變，則不自在，乃至具有過恆河等妄
> 染之義，對此義故，心性無動，則有過恆沙等諸淨功德相義示現。
>
> 〔註79〕

是則由明與無明對翻，起見不起見對翻，有動無動對翻，而顯示種種功德義。此即是「寄法顯示」也。〔註80〕透過此「寄法顯示」而把一切法帶進佛法身上而已。實則，功德相乃是對治染相而後顯，故法是還滅後之清淨法，非隨緣中之情執法，故其所謂具足無量無漏功德相，換言之，亦只是具足無量無漏豐富意義。再說，淨法必待對治染法而後顯，而在無明未斷盡時，所謂具足無漏功德相，亦是可能具足而已。以不即具染法故（染法通過還滅後，方可言具。）故多亦只是虛多，而無所謂多，相亦只是虛說，而無所謂相，以

〔註77〕因隨緣起現是敞開而非決定者，故有可隨到，亦有隨不到者，乃屬經驗之偶然，故不即具。

〔註78〕《大乘起信論》，《大正》三二，頁576下。

〔註79〕《大乘起信論》，《大正》三二，頁579上中。

〔註80〕參照牟宗三先生《現象與物自身》，頁426。

一切法通過般若之蕩相遣執後，俱是如相故也。

### （五）隨緣還滅與緣理斷九

此淨法既是對治染法而後起，則順本論思路以至華嚴宗之法界緣起所展示之大緣起陀羅尼法俱是就此佛法身上說淨法也。實則在此佛果上亦無所謂緣起，以實相一相，即是如相，故緣而非緣，緣無緣相。起而不起，起無起相。是以緣起只能就生滅門現實面之六道眾生說。以無明識念憑依眞心而起一切法，此一切法實非性起，而是識念憑依眞性而起，故是念起。此念起方可說緣起。賢首於此即有分別說明，彼云：「攝妄之眞不即妄，以性眞故（中略）依眞之妄不即眞，以性虛故。」〔註81〕是則染淨諸法雖同依眞，但違順異故，染屬無明，淨歸性起。

如此，在隨緣時是緣起，在法身時是性起，同一性起，有間接地言，有直接地說。前者是緣起即念起之性起。以其憑依眞心，故間接地說性起。後者則是眞心之實德，是不起而起，起而不起性起，此是直接地說之性起。又依賢首，屬於無明之染法，雖不離於眞，唯與法性違異，不相應，故染法唯是所斷，眾生煩惱唯是所斷，所救，至成佛方能究竟解脫，斷盡無明，而有無量功德。如此，不但六道眾生全在迷中，即聲聞，緣覺亦根本未觸及無始無明，菩薩雖接觸之而只能分斷，不能全斷。因此遂有六道眾生界法，聲聞、緣覺界法、菩薩、佛界法等十法界。又由於前九界法皆未脫無明，成佛始脫盡。以猶有無明故，必超過而斷絕之始能成佛。此即天台所謂「緣理斷九」也。緣理者，緣空不空如來藏但中之理也。斷九者，以此但中之理本不具九法界，成佛時，必須斷九界而始顯佛界也。蓋九界差別之法，乃由眞心隨緣始起現。眞心全顯成佛，則九界差別自絕。換言之，九界差別之法只是隨緣起現，隨緣修行過程中事，修行圓滿成佛，則過程自捨，九界差別亦絕，如此，依如來藏自性清淨心之眞如理，隔斷九法界而成佛，亦只能充分證成佛法界之圓滿而已，此乃「稱法本教」，非「逐機末教」，故仍有一隔之權矣。

## 五、本論之隨緣說與諸宗之比較

又此隨緣義，只如理與心達成一片方可說，故除唯眞心之《勝鬘經》，華嚴宗及本論外，其餘各宗俱不能有此義。（天台宗亦有隨緣說，但不同其義。）

---

〔註81〕《華嚴探玄記》卷十六，《大正》三五，頁215中。

以本論是性起系統，其所言之如理乃落在真心上說。就心之活動而言，故不單是理，而亦是心，是心方能顯理。

空宗說空如理之空是抒義字，非實體義，所謂「以有空義故，一切法得成。」〔註82〕意謂一切法在般若智照下，遣執蕩相，緣生無性，只是不捨不著之依存而已，故不能因此空義而說明一切法之生起也。依空宗，一切法為緣生法，由無生故無性，由無性故緣生，故無所謂隨緣不隨緣之問題。以心方有隨緣義，空如理只是抒義字，故無活動義，亦無心義，自然不能隨緣而變造諸法矣。

唯識宗於依他起上不起執着而見圓成實性，此圓成實性即是真如實相理也。唯理並不隨緣而起現一切法，以真如理非真常心故，其本身亦是抒義字，但只是不生不滅之無為法，既非能熏，亦非所熏，故不能隨緣起現一切法也。只阿賴耶識方隨緣起現一切法，唯賴耶是生滅有為法，故知唯識宗之真如理只有不變義，而無隨緣義，此所以該宗之真如被斥為「凝然」「頑騃」也。

據此，可知唯識宗之真如與本論之真如並非同一意旨。前者只是如理，故只有不變義而無隨緣義。本論則如理與心合一，故是心真如，真如心。是心方有活動義，故能隨染淨緣起染淨法也。

再就阿賴耶識而言，唯識宗與本論亦有岐異，蓋前者是以無覆無記，故屬迷染為性，並無不生不滅義。本論則以覺解為性，雖云「不生不滅與生滅和合」然本質上仍是以自性清淨為主，虛妄熏習為客之系統，緣起只就無明執念憑依真心時之方便說，真心自己則本來離念，所謂「煩惱不觸心，心不觸煩惱」，〔註83〕煩惱是煩惱，心是心，本不相應，沾不上，故雖言性起，實則起而無起，若不解此義，以為真能起妄，則「不染而染」之義，真難可了知矣。

至於以實相學為其理論基礎之天台宗，至荊溪湛然時，亦因本論之備受當時華嚴宗人之推重，以致湛然之教學也不自覺套用本論緣起說之用語，然須注意者是但取其名，不用其義。骨子裏仍不失天台性具之原理也。如彼在《十不二門》云：

> 三千因果，俱名緣起，迷悟緣起，不離剎那，剎那性常，緣起理一，
>
> 一理之內而分穢淨。〔註84〕

其在《止觀大意》則云：

〔註82〕《中論・觀四諦品》第二四，《大正》三〇，頁33上。

〔註83〕《勝鬘經》，《大正》一二，頁222中。

〔註84〕《十不二門》，《大正》四六，頁703下。

　　　　隨緣不變故爲性，不變隨緣故爲心。〔註85〕

在《金剛錍》則云：

　　　　隨緣不變之說，出自大教。（中略）萬法是眞如，由不變故，眞如是

　　　　萬法，由隨緣故。〔註86〕

其中「隨緣不變，不變隨緣」兩語大抵是依據賢首大師之《起信論義記》而來。
唯意指却與《起信》迥異。依賢首「隨緣」與「不變」俱就眞常心說，而荊溪，
則「不變」指性，「隨緣」指心。所謂「一念三千」之「一念」乃是「介爾一念」
之陰入妄心。介爾有心即具三千世間法，故心即萬法。蓋凡言心或萬法俱就緣
起法而言，故必隨緣。所謂「一念無明法性心」，法性無住，當體即是萬法，而
萬法趣心，皆由心造，故隨緣名心。亦正由此隨緣義，故得言眞如即萬法，此
即不變而變，無差而差也。非謂眞心「不染而染」隨緣也。另一方面，又因法
不出如，以如爲位。所謂「法住法位，世間相常住」〔註87〕此即法以空如爲性，
故變而無變、差即無差，故得言不變名性也。亦正由不變故，隨緣之萬法當體
即是眞如也。故異於本論之以眞常心爲性也。

　　再者，法以如爲性，以如爲位，即所謂實相一相，即是如相，即是無相。
如此，法雖三千，實則差即無差，一同法性故。此亦即無明無住，無明即法
性，法性與無明體同而相即，就心而言隨緣，就性而言不變，所謂「刹那性
常，緣起理一，一理之內而分淨穢」，此無明法性俱屬同一當體。而有染淨之
分則在乎主觀之迷悟。迷則「三千在理同爲無明」，悟則是明，解心無染，三
千無明即明。迷悟三千之法俱無所改也。如此，則「隨緣不變，不變隨緣」
俱就性具、理具說，故與賢首所言之「攝妄之眞不即妄，以性眞故（中略），
依眞之妄不即眞以性虛故」〔註88〕之緣理斷九思路異。

　　後之山外派諸師，不解荊溪此義，以爲凡言隨緣說俱屬圓義，而不知別
教亦有隨緣之義，故一旦聞說「別理隨緣」之說，難免會「惑耳驚心」矣。
以彼等但知唯識宗之「凝然眞如」無隨緣而爲別教，而不知本論之言「眞如
隨緣」亦是別教，遂把華嚴宗判爲終教之本論，視同天台之圓教，俱由認識
不清，方有此「擠陷」耳。

---

〔註85〕　《止觀大意》，《大正》四六，頁460中。

〔註86〕　《金剛錍》，《大正》四六，頁782下。

〔註87〕　《法華經・方便品》，《大正》九，頁9中。

〔註88〕　《華嚴探玄記》卷十六，《大正》三五，頁215中。

# 第三章　天台實相學之根本精神

## 第一節　天台思想之淵源

　　天台宗乃由被尊爲東土小釋迦之智顗大師所創立。其最大特色是教觀雙美，三大部更是其對《法華經》特有之洞見。

　　蓋佛教自漢初傳入中國，至智者於光大元年（西元 567 年）入住金陵瓦宮寺爲時五百年間，歷經後漢、三國，至東晉隆安五年（西元 401 年）西域龜茲人鳩摩羅什三藏來華約二百六七十年間，可謂我國之傳譯時代。當時四大翻譯中之《般若經》以及與般若部有關之《大智度論》、《中論》與及《法華經》俱出羅什三藏之手。至於《大般涅槃經》及《華嚴經》亦分別由當時之曇無讖三藏及佛陀跋陀羅法師譯出。由於重要經論之相繼譯出，故教義方面亦已由原初之以老莊思想虛無之說擬配佛法之格義佛教〔註1〕中脫出，而獲得自由之開展。

　　然羅什弟子三千，四聖十哲中被譽爲解空第一之僧肇就其所著論（《不眞空論》）看來，亦不能有進於不捨不著，蕩相遣執之《般若經》精神，換言之，即仍是以「無所得中」之消極實相觀爲其根本論調。後之僧朗以至法朗所傳承之三論宗，以《中論》、《百論》、《十二門論》爲其所依，但其教義，仍在於破邪顯正，眞俗二諦和八不中道三科。所證仍是「無所得空」，無所得之正觀，故仍是般若蕩相遣執，不捨不著之精神表現，其言中道實相，仍

---

〔註1〕　《高僧傳》卷四〈法雅傳〉云：「以經中事數擬配外書，爲生解之例，謂之格義。」，《大正》五〇，頁 347 上。

只在於不偏空有，故中道空亦可說名中道假，中無功用，不備諸法，旨在說明有是假名之非實有，空是假名之非偏空，此種當體法空而顯示之中道，但只說明一切法於緣起性空中以不捨不著之姿態呈現，此一切法俱屬現成，就緣起而見其無自性，因而空之，空之而見實相般若。如此，則對一切法仍無存有論之說明，是以天台之實相觀與三論宗雖有密切之關係，如《中論》之三諦偈，即嘗被天台所引用，〔註2〕《觀心論》亦言「稽首龍樹師」之語，〔註3〕可知智者大師對龍樹是何等尊重。然而彼宗由於教義上之限制，只言六識，未進至如來藏恒沙佛法佛性，故是功齊界內，智不窮源，此智者大師亦只能給予通教之地位而已。荊溪湛然大師，就天台教理之發展，論及此問題時亦只云：

> 近代相傳，以天台義指為南宗者，非也，自是山門一家相承，是故破則南北俱破，取則南北俱存。〔註4〕

可見智者大師之教學是有進於三論者。

另一方面，具有唯心色彩之緣起論典籍亦於北魏永平元年（西元508年）由菩提留支，勒那摩提，佛陀扇多等率先譯出世親釋之《十地經論》十二卷。且菩提留支更於西元508至535年間，先後譯出《入楞伽》、《深密解脫經》等三十餘部經論。勒那摩提則譯出《究竟一乘寶性論》等論典，至於佛陀扇多亦先後譯出《攝大乘論》約十部經論。無著，世親之教學亦於此時傳入中國，我國之佛教面貌亦為之一新。至梁太清二年（西元548年）真諦三藏入建康，謁梁武帝，三年間，在該地譯出《決定藏論》、《起信論》等書，又於西元563年譯出《攝大乘論》三卷及《釋論》十二卷等，譯述總括有八十部三百餘卷之多，造成緣起論佛教之黃金時代，在其譯述中，最引人注目者莫如《十地經論》、《攝大乘論》及《大乘起信論》等三書。其中《地論》與《攝論》之大師更分別開宗立派，成為當時最具影響力之教派，且二派爭論非常激烈。然無論那一派，智者都曾毫不留情加以抨擊，並給予別教之地位。彼云：

> 若從地師，則心具一切法，若從攝師，則緣具一切法。此兩師各據一邊。（中略）龍樹云：諸法不自生，亦不從他生，不共不無因。（中

---

〔註2〕 「因緣所生法，我說即是空，亦名為假名，亦是中道義。」《大正》三○，頁33中。

〔註3〕 見《觀心論》，《大正》四六，頁585下。

〔註4〕 《法華玄義釋籤》，《大正》三三，頁951上中。

略）云何偏據法性黎耶生一切法？〔註5〕

此乃智者就四句破地攝二宗之法性，黎耶依持說，以彼等俱為權說，非終圓究竟也。依智者真正之圓教乃在《法華》，湛然《止觀義例》云：

> 以法華為宗骨，以智論為指南，以大經為扶疏，以大品為觀法，引諸經以增信，引諸論以助成，觀心為經，諸法為緯，織成部帙，不與他同。〔註6〕

智者大師即在此「不與他同」之極相違之論調下，判釋東流一代聖教，罄無不盡，並從而建立其自家學說矣。

至於天台之師資相承說不外下列五種：

1. 金口相承（二十三祖相承之系統）
2. 直授相承（靈山直授之系統）
3. 譯主相承（羅什天台之系統）
4. 九師相承（九師禪法之系統）
5. 今師相承（龍樹乃至天台四祖相承之系統）

其中最正統者莫如今師相承說，此說以為文師直承龍樹之觀心法門，創立一心三觀為天台觀法之起源，灌頂云：

> 此之止觀，天台智者說己心中所行法門，（中略）智者師事南岳，南岳事慧文禪師（中略），文師用心一依釋論，論是龍樹所說，付法藏中十三師。〔註7〕

荊溪《止觀義例》亦謂天台所用義旨「以智論為指南，以大品為觀法」，以下則就龍樹之《智論》、《中論》及《大品般若經》說明其與天台教觀之關係。

般若經之主要性格不外兩點，其一為般若智不捨不著所展示之空義，如〈句義品〉云：

> 菩薩句義是一切法皆不合不散，無色無形。無對一相，所謂無相。〔註8〕

此言「不合不散」亦即不捨不著之意，以一切法在般若智照下，俱是緣生無性，畢竟皆空，然空卻不礙緣起有，此即「不壞假名而說諸法實相」是也。

---

〔註5〕《摩訶止觀》第七章，《大正》四六，頁54上中。
〔註6〕《止觀義例》，《大正》四六，頁452下至453上。
〔註7〕《摩訶止觀》卷一，《大正》四六，頁1中。
〔註8〕《大般若經·句義品》，《大正》八，頁242下。

蓋念念執着，即是幻有之假名，一念悟了，當下即是畢竟皆空，仍歸於緣生無性，故〈散華品〉云：

> 一切法不生不滅，不受不捨，不垢不淨，不合不散，不增不減故，
>
> 學般若波羅蜜能到一切種智，無所學，無所到故。〔註9〕

此種不捨不着之般若智妙用實無所建立，但明一切法空而已。故皆假名，無所有不可得，不見有一法可學者，以不學學，是之為學，亦即教人破除妄執頓證無生法忍也。

另一為般若智在說明一切法時所展示之作用具足義，如〈序品〉云：

> 菩薩摩訶薩以不住法住般若波羅蜜中（中略）於一切法不著故，應
>
> 具足般若波羅蜜。〔註10〕

此言「不住法住」，意即以不住著於法之心境住般若中，具足六波羅蜜，具足一切法數，此言具足者乃是在般若智照下，緣生無性，不捨不取之作用具足而已。蓋不捨即含具萬法而不無，不取則無一法可得而不有，不有即是般若空慧，不無即是「不壞假名而說諸法實相」，在實相般若中，一切法皆如是，故一切法皆可趣任一法，所謂「一切法趣空，是趣不過」是也。〔註11〕

此中「趣」字是趣赴義，乃究竟歸向之意。所謂趣不過者意謂此種趣空之趣，當體即是終極，沒有比此更深或超過此趣者。質言之，一切法當體即是實相，同指歸於空，而實相一相，即是如相，法不出如，故亦無所謂趣不趣，即趣而無趣，當體即是實相終極也。唯由此不捨不著之趣而言具足一切法，仍是作用之具足，非存有論之具足也。至於天台則由無明與法性相即而言性具三千，此是存有論之圓具，彼雖亦常引《般若經》「一切法趣」等語，而其義則是有進於《般若經》，以彼無存有論之說明也。

至於天台承受於龍樹學者不外兩書，即《中論》與《大智度論》，前者旨在破邪顯正，確立大乘佛教之根本基礎。而佛教與非佛教，則在是否有般若空觀。如最勝子云：

> 龍猛菩薩，證極喜地，採集大乘無相空教，造《中論》等，空暢真
>
> 要，除彼有見。〔註12〕

---

〔註 9〕 同前註〈散華品〉，頁 278 上中。

〔註10〕 同前註〈序品〉，頁 218 下至 219 上。

〔註11〕 同前註，頁 332 下。

〔註12〕 《瑜伽論釋》，《大正》三〇，頁 883 下。

故《中論》二十七品之內容，無所不空，無所不眞，無所不中，如云：

> 不生亦不滅，不常亦不斷，不一亦不異，不來亦不出，能說是因緣，
> 善滅諸戲論，我稽首禮佛，諸說中第一。〔註13〕

如此，批判內外百家，千論萬說，歸於一空，即其論說之本旨也。北齊慧文禪師即因讀本論〈四諦品〉之「因緣所生法，我說即是空，亦名爲假名，亦是中道義」〔註14〕而恍然大悟，了達一心三觀之妙旨，智者亦因此而建立圓融三諦之妙說。故《摩訶止觀》中之觀法部分，引述《中論》之處甚多，至於其《大智度論》，則是《大品般若經》之注釋書。其與天台宗之關係亦非常密切，相傳慧文即因讀該論至「一心得一切智，斷煩惱習，今云何言以一切智具足得一切種智斷煩惱習（中略）實一切一時得」〔註15〕而悟一心三智之說，證無生法忍位。實則一心三觀，初亦只是一觀法上之通式而已，不能作任何系統之決定也。〔註16〕唯有通過「一念無明法性心」之存有論圓具，在即空、即假、即中下圓談法性，方能展示天台圓頓止觀之不思議境也。

## 第二節　天台教學之特色

### 一、五時教判

六朝之間，傳譯甚盛，《華嚴》、《涅槃》、《瓔珞》等經，相繼而來，特殊法門，競相而入。《勝鬘》、《維摩》、《法華》、《涅槃》等經，教相判釋之聲囂囂，《阿毘曇》、《十地》、《攝大乘》等論，八識九識之諍論紛然。支離滅裂，空耗歲月，此在智者之前雖已有南三北七十家之判，皆未云善。乃有智者五時八教之判，諦觀《天台四教儀》云：

> 天台智者大師，以五時八教，判釋一代聖教，罄無不盡，言五時者：
> 一、華嚴時，二、鹿苑時（說《四阿含》），三、方等時（說《維摩》、
> 《思益》、《楞伽》、《楞嚴》、《三昧》、《金光明》、《勝鬘》等經），四、
> 般若時，（說《摩訶般若》、《光讚般若》、《金剛般若》、《大品般若》
> 等諸《般若經》），五、法華涅槃時，是爲五時，亦名五味。言八教

---

〔註13〕《中論・觀因緣品》，《大正》三〇，頁 1 中。
〔註14〕同前註〈四諦品〉，頁 33 中。
〔註15〕《大智度論》卷二七六，《大正》二五，頁 260 中。
〔註16〕參照牟宗三老師《佛性與般若》，頁 755。

> 者：頓、漸、秘密、不定、藏、通、別、圓，是名八教。頓等四教
> 是化儀，如世藥方，藏等四教名化法，如辨藥味。〔註17〕

又此五時教判，大抵據《華嚴經・如來性起品》之「三照三譬」；《涅槃經・聖行品》之「五味相生譬」；及《法華經・信解品》「四大弟子五時領解」之文而來。五時乃釋迦一代說法之次第，並以八教分別此說法之儀式與教法之淺深。

首爲華嚴時，即佛於成道後，在寂滅道場，始成正覺，現毘盧遮那法身以頓之方式說圓滿修多羅，即《華嚴經》是也。約機約教，未免兼權，以只攝大機，不攝小機，比如日出，先照高山，未照及平地幽谷，約味言，則爲乳味。

次爲阿含時，以三乘根性，於頓無益，乃脫舍那珍御之服，現老比丘相，遊鹿苑，於菩提樹下，說四諦十二因緣之教，約時則如日照幽谷，約味則從乳出。

說小乘教已，爲引小入大故，乃依漸次說諸方等經，旨在彈偏折小，嘆大褒圓，四教俱說，藏爲半字教，通別圓爲滿字教，對半說滿，故言對教。約時則食時，約味則從酪生酥。

說方等已，復依漸之方式說般若，旨在融通淘汰，唯此般若中不說藏教，只帶通別二，正說圓教。約時則禺中時，約味則從生酥出熟酥。

以上三味對華嚴頓教，總名爲漸，又此化儀四教中除頓、漸外，還有第三秘密教，此乃就前四時中，如來三輪不思議故，或爲此人說頓，或爲彼人說漸，彼此互不相知，能令得益，故言秘密。

第四不定者，亦由前四時中，佛以「一音演說法，眾生隨類各得解」，此乃如來不思議力，能令眾生於漸說中得頓益，於頓說中得漸益，得益不同，故言不定。然秘密、不定二教，教下義理只是藏、通、別、圓。

至於第五時，即法華、涅槃時，開前頓、漸，會入非頓非漸，故言開權顯實，廢權立實，會三乘而歸於一佛乘也。約時則日輪當午，罄無側影，約味則從熟酥出醍醐。〔註18〕

又其中《涅槃經》尚爲扶律談常教，至淳一無雜者則爲《法華》。《天台四教儀》云：

---

〔註17〕《天台四教儀》，《大正》四六，頁774下。
〔註18〕參照《天台四教儀》，《大正》四六，頁774下至775下。

> 初頓部有一麁（別教）一妙（圓教），次般若二麁（通、別）一妙（圓
> 教）（中略）來至法華會上，總開會廢前四味麁，令成一乘妙。諸味
> 圓教更不須開，本自圓融不待開也。但是，部內兼但對帶，故不及
> 《法華》淳一無雜獨得妙名，良有以也。〔註19〕

據此，可知天台判教之最大特色，乃是以《法華》爲第五時，不屬化儀，在
化法中又屬純圓獨妙。總之，佛之說法最後歸於一部《法華經》，而教理之終
極，則是圓教。

## 二、《法華經》之性格

《法華經》七卷共二十八品，依智者《法華文句》中科判，分全經爲迹
本二門，從〈序品第一〉至〈安樂行品第十四〉爲迹門開權顯實。從〈涌出
品第十五〉訖經末乃本門開權顯實。本迹二門各立序、正說、流通三分。而
其中又以「正說」分最爲重要。

《玄義・明宗》云：

> 正明宗者，此經始從序品，訖安樂行品，破廢方便，開顯眞實佛之
> 知見，亦明弟子實因實果，亦明師門權因權果，文義雖廣，撮其樞
> 要，爲成弟子實因，正因果傍，故於前段，明迹因迹果也。從涌出
> 品訖勸發品，發迹顯本，廢方便之近壽，明長遠之實果，果正因傍，
> 故於後段明本因本果，合前因果共爲經宗，意在於此。〔註20〕

據此，《法華經》之內容實不外開權顯實，發迹顯本兩問題耳。此中所謂「開」
者，乃開發，決了義，如〈法師品〉第十說偈云：

> 若聞是深經，決了聲聞法，是諸經之王。〔註21〕

開方便門，示眞實相，此中「決了」亦即智者所謂「開」字之所本。以三乘
既是方便施設，故必須開決，令歸於一佛乘之圓實教也。

又其所謂「發迹」者，據《法華玄義》卷第九下云：

> 餘經但道佛所變化是迹，不道佛身自是迹。今經自道佛身是迹，其
> 餘變化，寧得非迹。〔註22〕

---

〔註19〕《天台四教儀》，《大正》四六，頁 775 中。
〔註20〕《法華玄義・明宗》，《大正》三三，頁 795 上。
〔註21〕《法華經・法師品》第十，《大正》九，頁 32 上。
〔註22〕《法華玄義》卷第九下，《大正》三三，頁 796 下。

此言發聲聞，菩薩之近迹，而顯其遠本耳。換言之，即顯其久遠以來即已被授法身記而可作佛也。如此，則發迹顯本亦即開權顯實，一是歸於圓實一乘，無二無三矣。

《玄義》卷一上云：

> 日光普照，高下悉均平，土圭側影，不偏不盈，若低頭，若小音，若散亂，若微善，皆成佛道，不令人有獨得滅度，皆以如來滅度而滅度之，具如今經。〔註23〕

總之，此經「開權顯實，發迹顯本」，故能見佛教權實二智，斷疑生於大用，斷大疑生大信，斷近疑生遠信，則一切俱通，無非妙因妙果，所謂：

> 決了粗因同成妙因，決諸粗果同成妙果。故低頭舉手，著法之眾，皆成佛道，便無非佛道因，佛道既成，那得猶有非佛之果？〈散華品〉微因，今皆開決，悉是圓因。何況二乘行，何況菩薩行，無不皆是妙因妙果也。〔註24〕

據此，可知此經旨在開權顯實，發迹顯本，所以為純圓獨妙也。

## 三、《摩訶止觀》之一念三千義

智者大師所著三大部中，《法華玄義》與《法華文句》主要在說明佛陀說法雖有藏、通、別、圓四教之分，而意在開權顯實，發迹顯本，會三歸一此即是其教義所在。至於觀法方面，則以一部《摩訶止觀》為最著，亦最能代表天台之特色，所謂「一念三千」、「三諦三觀」等思想，已成天台教觀二門之主要部分。誠如荊溪《止觀輔行傳弘決》所謂：

> 自漢明夜夢，洎乎陳朝，凡諸著述，當代盛行者溢目，預廁禪門，衣鉢傳授者盈耳，豈有不聞止觀二字，但未若天台說此一部。定慧兼美，義觀雙明，撮一代教門，攢《法華經》旨，成不思議十乘十境，待絕滅絕，寂照之行，前代未聞，斯言有在。〔註25〕

據此，則《摩訶止觀》可謂天台大師之究竟極說，亦是天台十乘觀法，觀不思議境之主要內容，又止觀雖有漸次、不定、圓頓三種，要之，仍歸於圓融頓極之圓頓止觀也。《摩訶止觀》卷一云：

---

〔註23〕《法華玄義》卷一上，《大正》三三，頁683上。
〔註24〕《法華玄義・明宗》，《大正》三三，頁795下。
〔註25〕《止觀輔行傳弘決》，《大正》四六，頁142中。

圓頓者，初緣實相，造境即中，無不眞實，繫緣法界，一色一香，

無非中道，己界及佛界，眾生界亦然。陰入皆如，無苦可捨，無明

塵勞，即是菩提，無集可斷，邊邪皆中正，無道可修，生死即涅槃，

無滅可證，無苦無集，故無世間，無道無滅，故無出世間，純一實

相，實相外更無別法，法性寂然名止，寂然而常照名觀，雖言初後，

無二無別，是名圓頓止觀。〔註26〕

據此，則整個天台教觀，亦無非闡明此理，在三道即三德，不斷斷中、即空、即假、即中三諦圓融而歸於一圓實諦。此亦即《法華經》之實相原理矣。又此書之內容可分爲五略十廣，十廣中又以第七章「正觀」說十境「陰入境」之第一條「觀不思議境」最爲重要。《摩訶止觀》卷五上訖卷十下俱解說此十境十乘。

又從此止觀十境中可窺探天台觀法之特色，固異於一般唯心論典之以法性爲所觀境，而是以最卑近之虛妄界爲所觀之境體，天台稱之爲「陰入境」，乃是以五陰、十二入，十八界爲所觀境體，質言之，即以吾人身心爲對境。至於智者所以獨取心法爲對觀境，據《法華玄義》云：

眾生法太廣，佛法太高，於初學爲難，然心佛及眾生是三無差別者，

但自觀己心則爲易。〔註27〕

《摩訶止觀》卷第五上亦云：

心是惑本，其義如是，若欲觀察，須伐其根，如灸得穴，今當去丈

就尺，去尺就寸，置色等四陰，但觀識陰，識陰者，心是也。〔註28〕

據此，去除十二入、十八界而就五陰，五陰中又去前四陰，而僅取識陰。一切陰入界以心爲本，故以一心爲所觀境，浩瀚之陰入境遂縮小至但取唯心一法，觀現前刹那一念心即是十界互具，百界千如，一念三千之不思議妙境矣。而所謂一念三千乃是以一一諸法具一切法而言，彼云：

夫一心具十法界，一法界又具十法界、百法界，一界具三十種世間，

百法界即具三千種世間，此三千在一念心，若無心而已，介爾有心，

即具三千，亦不言一心在前，一切法在後，亦不言一切法在前，一心

在後，例如八相遷物，物在相前，物不被遷，相在物前，亦不被遷，

---

〔註26〕《摩訶止觀》卷一，《大正》四六，頁 1 下 2 上。

〔註27〕《法華玄義》，《大正》三三，頁 696 上。

〔註28〕《摩訶止觀》卷五，《大正》四六，頁 52 上。

> 前亦不可，後亦不可，祇物論相邊，祇相邊論物，今心亦如是，若從
> 一心生一切法者，此即是縱，若心一時含一切法者，此即是橫、縱亦
> 不可，橫亦不可，祇心是一切法，一切法是心，故非縱非橫，非一非
> 異，玄妙深絕，非識所識，非言所言，所以稱爲不可思議境。〔註29〕

此即一念三千之正文，乃天台之圓融觀法，所謂「只心是一切法，一切法是
心」，此即是一念觀達「因緣所生法」之即空、即假、即中，三諦圓融之理。
是知此一念三千不思議境固非屬阿賴耶或如來藏系統。而是開決此兩系統
後，相應《法華》開權顯實，發迹顯本，與般若實相學，在不斷斷中而談之
性具圓說。

此一念三千之說除《摩訶止觀》外亦見於《法華玄義》如云：

> 又遊心法界者，現根塵相對，一念心起，於十界中，必屬一界，若
> 屬一界，即具百界千如，於一念中，悉皆備足，此心幻師，於一日
> 夜，常造種種眾生，種種五陰，種種國土，所謂地獄，假實國土，
> 乃至佛界假實國土，行人當自選擇，何道可從。〔註30〕

此言吾人日常生活中所起之一念，必屬十法界中之某一法界，如任意起瞋恚，
即時便顯現地獄界，貪欲，即時便顯現餓鬼界，愚痴即屬畜生界。反之，如
能觀四諦法，即是聲聞界，觀十二因緣法，即緣覺界，發四宏誓，即菩薩界，
如能相應真如，即佛界。故不論是否已在三惡道中，或是否已經解脫，只要
一念與某界相應，此心即在某界，又佛雖斷修惡，但性惡在，仍可爲了度生
之悲願而不斷性惡，闡提雖斷修善，但性善在，如能一念與佛道相應，即是
佛界矣。此種「法住法位，世間相常住」與「除病不除法」之思想，固天台
實相學之特色，亦只有在不斷斷與即具中圓談法性方克臻此。

至於此「一念三千」之數，乃由十界，十如是，三世間等相乘組合而成。
實則三千之數只作用表示無盡差別相之象徵解釋而已。非真拘限於此三千之
數也。至於十界分類之說，則始見於龍樹《大智度論》卷二七

> 地獄道，畜生道，餓鬼道（中略）聲聞道，辟支佛，菩薩道，佛道，
> （中略）地獄道，畜生，餓鬼，人，天，阿修羅道。〔註31〕

依天台，此十法之各界，各各攝具其他九界，內具自己，故十界當體即是圓

---

〔註29〕同前註，頁 54 上。
〔註30〕《法華玄義》卷上之三，《大正》三三，頁 696 上。
〔註31〕《大智度論》卷二七，《大正》二五，頁 257 下。

融具足於刹那一念之中，此思想固淵源於《大品般若》之「一切法趣某某」而來，〔註32〕唯已從般若智作用之含具進而言存有論之性具說矣。

至於十如是之說，則出於《法華經·方便品正宗分》，彼云：

> 爾時，世尊從三昧安詳而起，告舍利弗，諸佛智慧甚深無量，其智慧難解難入，一切聲聞，辟支佛所不能知，（中略）佛所成就第一希有難解之法，唯佛與佛乃能究竟諸法實相，所謂諸法如是相，如是性，如是體，如是力，如是作，如是因，如是緣，如是果，如是報，如是本末究竟。〔註33〕

此十如是與十法界相配，演繹即成百界千如，皆於一念心中具足，《法華玄義》卷二上云：

> 以十如是，約十法界，謂六道四聖也，皆稱法界者，具意有三：一、十數皆依法界，法界外更復無法，能所合稱，故言十法界也。二、此十種法，分齊不同，因果隔別，凡聖有異，故加之以界也。三、此十皆即法界，攝一切法，一切法趣地獄是趣不過，當體即如，更無所依，故名法界，乃至佛界，亦復如是，此一法界，具十如是，十法界具百如是，又一法界是九法界，則有百法界千如是。〔註34〕

此百界千如再配以三世間，即是一念三千。《大智度論》卷四七云：

> 三種世間，眾生世間，住處世間，五眾世間。〔註35〕

五眾（陰）世間，就是色、受、想、行、識，乃構成十界之共同要素，是眾生身心之差別現象，而眾生世間則是眾生所持正報之差別相，至於住處（國土）世間乃就眾生所感依處之差別相而說。又就此十界乃至百界之所有差別相而言，則是三千世間。此三千世間非在別處而是具足於吾人日夜所起之介爾一念心中，故稱一念三千，彼云：

> 亦不言一心在前，一切法在後，亦不言一切法在前，一心在後（中略）今心亦如是，若從一心生一切法者，此即是縱，若心一時含一切法者，此即是橫，縱亦不可，橫亦不可，祇心是一切法，一切法是心故，非縱非橫，非一非異，玄妙深絕，非識所識。〔註36〕

〔註32〕《大般若經》卷一一五，《大正》八，頁332下。
〔註33〕《法華經·方便品》，《大正》九，頁5上。
〔註34〕《法華玄義》卷二上，《大正》三三，頁693下。
〔註35〕《大智度論》卷四七，《大正》二五，頁402上。
〔註36〕《摩訶止觀》五上，《大正》四六，頁54上。

據此可知一念與三千，乃是不縱不橫，非一非異，故不在能所關係之中，若是以法相宗之言唯識生一切法，或華嚴宗之言「一入一切」去比附，俱不能有諦解。而是「非一非一切」，要之，心是一切法，一切法是心，一念心所觀之境當下即是實相，故知禮云：

> 非二物相合，又非背面相翻，直須當體全是，方名爲即。〔註37〕

此當體全是之「即」，三千無盡之諸法，全在吾人剎那一念，即空，即假，即中呈現。此即是三諦圓融，一念頓悟即顯現三千即空之德而成般若；顯現三千即假之德而成解脫；顯現三千即中之德而成法身，換言之即是證顯三德圓伊之秘藏矣。

又考此三諦三觀之說，在梁陳時代或許已經盛行，與南岳慧思同時之傳大士即以「三觀一心融萬品」之句而被荊溪湛然尊爲列祖之一，〔註38〕然無論慧文、慧思或傳翕，其所謂一心三觀之法門，不必同於天台智者大師之觀法。蓋彼等之觀法，大抵仍不出《般若經》不捨不著之精神表現而已。至於天台智者大師之一念三千圓融三諦之說乃透過「一念無明法性心」而言即具三千世間法，此乃天台性具說之獨有法門，當然此三諦三觀除《智論》與《中論》外，尚有其他經論作爲其依據者。如三智之說即出於《大品般若經·三慧品》，彼云：

> 須菩提言，佛說一切智，說道種智，說一切種智，是三種智有何差
> 別，佛告須菩提，薩婆若（一切智）是一切聲聞，辟支佛智，道種
> 智是菩薩摩訶薩智，一切種智是諸佛智。〔註39〕

智者則就此三智說而言三觀，並以三眼分屬二乘，菩薩與佛三人。如以一切智觀空爲慧眼，屬聲聞辟支佛；以道種智觀假爲法眼，屬菩薩；以一切種智觀中爲佛眼，屬佛。要之，一切智只約略知一切法之空如性而已，道種智則能知各種法門之差別相；至於一切種智則已圓實地知一切法之實相一相，即是如相之中道實相矣。〔註40〕

三諦之說則出於《仁王護國般若波羅蜜經》如彼云：

> 世諦三昧，眞諦三昧，第一義諦三昧，此三諦三昧，是一切三昧王
> 三昧。〔註41〕

---

〔註37〕《十不二門指要鈔》，《大正》四六，頁707上。
〔註38〕《止觀義例》卷上，《大正》四六，頁452下。
〔註39〕《大般若經·三慧品》，《大正》八，頁375中。
〔註40〕參照《小止觀》，《大正》四六，頁472中下。
〔註41〕《仁王經·受持品》，《大正》八，頁833中。

三觀則見於《菩薩瓔珞本業經・學觀品》彼云：

> 三觀者，從假入空名二諦觀，從空入假名平等觀，是二觀方便道，因是二空觀，得入中道第一義諦觀。〔註42〕

三止之說據《摩訶止觀》卷三上云：

> 雖未見經論，映望三觀，隨義立名。〔註43〕

據此，可知三止之說乃智者所獨創。在《小止觀》，證果章有此「三止」之說，彼於引述《瓔珞》三觀後，即顯示「顯眞止」、「方便隨緣止」與「息二邊分別止」之三止。並以之配置慧眼、法眼與佛眼之一切智，道種智與一切種智，其排列如下：

1. 從假入空觀（二諦觀）—— 體眞止 —— 慧眼 —— 一切智。
2. 從空入假觀（平等觀）—— 方便隨緣止 —— 法眼 —— 道種智。
3. 中道正觀 —— 息二邊分別止 —— 佛眼 —— 一切種智。〔註44〕

至於圓談此三諦、三觀、三智之說則見於《摩訶止觀》卷五上，彼云：

> 若法性無明合有一切法，陰界入等，即是俗諦，一切法入是一法界，即是眞諦，非一非一切，即是中道第一義諦，如是遍歷，一切法無非不思議三諦云云，若一法一切法，即是因緣所生法，是爲假名假觀也。若一切法即一法，我說即是空，空觀也。若非一非一切者，即是中道觀。一空一切空，無假中而不空，總空觀也。一假一切假，無空中而不假。總假觀也，一中一切中，無空假而不中，總中觀也。即《中論》所不可思議一心三觀，歷一切法，亦如是，若因緣所生一切法者，即方便隨情道種權智；若一切法一法我說即是空，即隨智一切智，若非一非一切亦名中道義者，即非權非實一切種智。（中略）此等名異義同，軌則行人呼爲三法，所照爲三諦，所發爲三觀，觀成爲三智，教他呼爲三語，歸宗呼爲三趣，得斯意類，一切皆成法門。〔註45〕

據此，則謂「三諦」、「三觀」、「三智」俱屬名異義同，而爲「圓頓止觀」之闡釋而已。誠如《摩訶止觀》卷第三上云：

---

〔註42〕《瓔珞經・學觀品》，《大正》二四，頁 1014 中。
〔註43〕《摩訶止觀》卷三上，《大正》四六，頁 24 上。
〔註44〕參照《小止觀》，《大正》四六，頁 472 下。
〔註45〕《摩訶止觀》卷五上，《大正》四六，頁 55 中下。

> 圓頓止觀相者，以止緣於諦，則一諦而三諦，以諦繫於止，則一止
> 而三止，譬如三相在一念心，雖一念心而有三相，止諦亦如是，所
> 止之法雖一而三，能止之心，雖三而一，以觀觀於境，則一境而三
> 境，以境發於觀，則一觀而三觀，如摩醯首羅面上三目，而是一面，
> 觀境亦如是，觀三即一，發一即三，不可思議。〔註46〕

此種以不思議境為所觀之境，能觀之觀法，即是一心三觀，此種圓融三諦之
觀法，《法華玄義》卷一上稱之為妙法。彼云：

> 分別者，但法有粗妙，若隔歷三諦，粗法也。圓融三諦，妙法也。
> 〔註47〕

蓋別教「中道」乃從「空」入「假」，由「假」入「中」之中道，如此「空」與
「假」與「中」三者即歷別而不相即。故未契入真理。至於圓教之中道實相，
乃是即「空」、即「假」、即「中」之三諦圓融說。以一切法當體即是空性，同
時又必須待緣而起始有諸法——「假」。換言之即是從空而成假，依假成立空，
即空成假，假成空，故同時，空與假即成立於一法，故空即是假是中，若說空，
則無假中而不空，「一切法趣空是趣不過」，此為總空觀，餘類推。此乃智者就
龍樹《中觀》學納於圓教中說，亦是般若融通淘汰之精神在圓教中展現也。

　　總之，三諦三觀雖源出《仁王》、《瓔珞》二經，而其義旨亦不外表達《般
若經》之三智（一切智、道種智、一切種智）與《中論》空、假、中一偈之
精神而已。蓋單就此《瓔珞經》三觀，實不能決定其「中道」究屬何種意義
之中道也，若就《中論》而言，則「中無功用，不備諸法」〔註48〕以一切法
俱是現成而散開者，就緣生無性而言作用地具足一切法而已，其本身對一切
法實無存有論之說明也。

　　又此《瓔珞經》，據近代學者考證，有以為出於西元五世紀頃，在中國偽
造之經典。〔註49〕如此，則與智者之時代相距亦不遠，唯其中道思想，是否
一如智者，經文却無明言。據牟宗三先生之意則以為：

> 三觀本由佛親傳下來，然此亦只是普通大乘之共法，不能表示天台
> 圓教之圓頓止觀。〔註50〕

---

〔註46〕同前註卷第三上，頁 25 中。
〔註47〕《法華玄義》卷一上，《大正》三三，頁 682 中。
〔註48〕同前註卷二下，頁 705 上。
〔註49〕見慧嶽法師《天台教學史》，頁 157。
〔註50〕牟宗三老師《佛性與般若》，頁 758。

據此，則一心三觀之說並不能決定天台之爲圓教，所謂「只一具字，彌顯今宗」〔註51〕故必透過「一念無明法性心」在不斷斷中即具三千世間法，方是天台獨有之性具法門矣。

## 四、性惡說與不斷斷

### （一）天台性惡說之特色與原理

天台言「一念無明法性心」即具三千世間法，順此一念三千，三諦圓融之理而言，則吾人當前刹那一念之中即具十界中之一界，就此十界互具而言，自然有性德善惡可言矣。此十界法中六穢（天、人、阿修羅、地獄、餓鬼、畜生）是性德惡；而四淨（聲聞、緣覺、菩薩、佛）則是性德善。所謂德者，得也，法性之德，具足本有之謂。至於善惡則就穢淨法門說而非就法性說也。以法性理一，實相理一理，其本身實無所謂善惡可言也。以染淨在乎吾人主觀迷悟，迷則「三千在理同名無明」，悟則「三千果成咸稱常樂」。三千法門實無改也。唯眾生無始在迷，只是三道流轉，而四淨則已從三道轉出，故就修行而言，亦偏重此性德惡耳。荊溪湛然云：

> 忽都未聞性惡之名，安能信有性德之行。〔註52〕

性惡者，蓋圓具下之語也。圓具三千，即三千而爲性德也，全性起修，全修在性，故有性德之行也。質言之，性惡也者，乃顯法無隔絕之言也，與三千三諦之說，實無二旨。

有關性惡之說始見於智者《請觀音經疏》，彼云：

> 用即爲三。一事二行三理，事者，虎狼刀劍等也；行者，五住煩惱也；理者，法界無礙無染即理性之毒也。〔註53〕

此智者言「理毒性惡」之原文，四明知禮曾作疏釋，彼云：

> 理者者，牒理消伏用也。法界無礙無染而染即理性之毒也者，所消伏也。雖不出能消之相，應以所消顯之，且明所消者，法界是所迷之理，無礙是受熏之德，所迷本淨故無染，受熏變造故而染，全三德而成三障，故曰：即理性之毒。（中略）若所迷法界本具三障染故現於三障，此則惑染依他，毒害無作。以復本時，染毒宛然，方成

〔註51〕《觀音玄義記》卷二，《大正》三四，頁905上。
〔註52〕《法華文句記》卷第七下，《大正》三四，頁292下。
〔註53〕《請觀音經疏》，《大正》三九，頁968上。

即義，是故名爲即理性之毒，的屬圓教也。（中略）故知體具三障，起三障用，用還依體，與體不二，此依方即，並由理具，方有事用，斯事圓乘，若不談具，乃名別教，是知由性惡故方論即理之毒也。〔註54〕

據此，則理毒即是性惡，迷時全三德成三障，悟時三障即是三德，染淨在乎主觀迷悟，客觀之三千法門則無改也。故雖復本，而染毒宛然者，除無明有差別也。復次，此染毒乃就法門說，非就中道實相理說也。以穢惡法門無非理具本有，如認聖淨爲善而穢惡爲理外，此乃別教說法，還滅必至緣理斷九。故知此理毒性惡之說亦即性具說之異稱而已。

有關此性惡之說，智者在《觀音玄義》中有更詳盡而深入之說明。彼云：

問：闡提與佛斷何等善惡？答：闡提斷修善盡，但性善在。佛斷修惡盡，但性惡在。問：性德善惡何不可斷？答：性之善惡但是善惡之法門。性不可改，歷三世無誰能毀。復不可斷壞，譬如魔雖燒經，何能令性善法門盡？縱令佛燒惡譜，亦不能令惡法門盡。如秦焚典坑儒，豈能令善惡斷盡耶？問：闡提不斷性善，還能令修善起，佛不斷性惡，還令修惡起耶？答：闡提既不達性善，以不達故，還爲善所染，修善得起，廣治諸惡。佛雖不斷性惡，而能達於惡。以達惡故，於惡自在，故不爲惡所染，修惡不得起，故佛永無復惡。以自在故，廣用諸惡法門，化度眾生。終日用之，終日不染。（中略）今明闡提不斷性德之善，遇緣善發。佛亦不斷性惡，機緣所激，慈力所熏，入阿鼻，同一切惡事化眾生。以有性惡故，名不斷。無復修惡，名不常。若修性俱盡，則是斷，不得爲不斷不常。闡提亦爾，性善不斷，還修善根。如來性惡不斷，還能起惡。雖起於惡，而是解心無染，通達惡際即是實際，能以五逆相而得解脫，亦不縛不脫，行於非道，通達佛道。闡提染而不達，與此爲異也。〔註55〕

以上爲智者大師《觀音玄義》中論性惡說之文。此言性德善惡，乃就性之善惡法門而言，以善惡但形容法而非描述法性也。蓋法性一性，實相理一，本身實無所謂善惡可言。故此處宜就「法住法位，世間相常住」〔註56〕之「法

---

〔註54〕 《四明尊者教行錄》卷二，《大正》四六，頁872中下。

〔註55〕 《觀音玄義》卷上，《大正》三四，頁882下至883上。

〔註56〕 《法華經·方便品》，《大正》九，頁9中。

門不改」處理解，此亦即所謂「除病不除法」，「除無明有差別」之謂也。

又智者大師別分惡爲「修惡」與「性惡」，善爲「修善」與「性善」，此言修者，修治造作之謂。此乃屬事，性者，則本有不改，此乃屬理。至於所謂闡提，乃爲斷善根迷逆之極，不向佛起信者，應無成佛之可能，以其斷修善盡，全是迷染而無悟淨也，實則此迷染悟淨乃屬主觀上之事，與客觀之穢淨法門無涉也。誠如知禮所云：

> 圓家斷、證、迷、悟但約染淨論之，不約善惡淨穢說也。〔註57〕

此中修善修惡即屬主觀上之染淨事，性善性惡則屬客觀上之淨穢法門也。故闡提主觀上雖無悟淨，而客觀上之性德善法門仍在也。故雖斷善根，仍可依熏修之潛意力萌發善念。《大般涅槃經》云：

> 如來善知，一闡提輩，能於現在，得善根者，則爲說法，後世得
> 者，亦爲說法，今雖無益，作後世因，是故如來爲一闡提演說法
> 要。〔註58〕

如此，則佛以闡提善根未斷，爲了普渡眾生，故雖斷盡一切惡事，已盡燒煩惱惡譜，淨順之極，應無修惡之理，唯對惡法自在，爲渡眾生，故通達於惡，與惡趣同事，化惡趣眾生而不爲惡事所染，不起修惡，故得以諸惡法門化渡眾生也。

又此「如來性惡不斷，還能起惡」之「起惡」乃就起現穢惡法門化渡眾生而言，非起現修惡也。故得云：

> 雖起於惡，而是解心無染，通達惡際即是實際，能以五逆相而得解
> 脫，亦不縛不脫，行於非道，通達佛道。〔註59〕

此即天台獨有之「不斷斷」思想，在此不斷斷中言性德緣了，顯示主觀之解心無染與客觀之存在法兩不相碍也。迷則爲「三千在理同名無明」，此是性德三軌；悟則爲「三千果成咸稱常樂」，此則爲究竟三軌。此種性德緣了說，固是圓教性具說之極談，以別教無性德三千，故云：

> 佛斷無記無明盡，無所可熏故，惡不復還生。若欲以惡化物，但作
> 神通變現度眾生爾。〔註60〕

---

〔註57〕《十不二門指要鈔》卷上，《大正》四六，頁707中。
〔註58〕《大般涅槃經》，《大正》十二，頁482中。
〔註59〕《觀音玄義》卷上，《大正》三四，頁883上。
〔註60〕《觀音玄義》卷上，《大正》三四，頁882下。

此種神通作意，已非任運而現，故是權說。要之，此性惡之說，固是天台一家獨有之特色，宜乎栢庭善月所云：

> 性惡者，一家之極說，即具者，圓宗之大旨，然以其旨而明其說，則知所謂性惡者所以彰即具而顯性德也。〔註61〕

四明知禮亦云：

> 只一具字彌顯今宗，以性具善，諸師亦知，具惡緣了，他師莫測，故《摩訶止觀》明性三千，《妙玄》《文句》旨示千法，徹乎修性，其文既廣，且義難彰，是故此中，略談善惡，明性本具，不可改易，名言既略，學者易尋，若知善惡皆是性具，性無不融，則十界、百界、一千三千。〔註62〕

此言智者大師雖在三大部中並未談及性惡之說，實則當其述及十界、百界、一千三千之時，此性惡之說即已隱約顯示矣。「唯文既廣，且義難彰」，未爲人知而已。故在《觀音玄義》中始淺顯道出，此固是四明知禮臆測，實則也相去不遠。蓋言一念三千，十界互具，圓融三諦之性具說，必然涵攝一切善惡穢淨法門矣。

又此十界互具，百界千如之思想，雖可說出於《大品般若經》「一切法趣空是趣不過」一語〔註63〕然此只是般若智作用具足一切法，非存有論之圓具也。故必透過「一念無明法性心」〔註64〕即具三千世間法，方可言三諦圓融之理。要之，此性具性惡之說與不思議斷之圓斷思想，乃天台一家教學之特色，故與他宗異趣。即如華嚴宗之法藏賢首大師，雖也極之推崇性具之說，唯偏指清淨眞如心，所因處拙，故仍難免有緣理斷九之譏也。如彼在《華嚴發菩提心章》明圓融具德門，說六相圓融後云：

> 然此具德門中，一法法爾，性具善惡。〔註65〕

彼雖把性惡之說攝入華嚴教學體系，然却不能同於天台性惡說者，彼云：「攝妄之眞不即妄，以性眞故（中略），依眞之妄不即眞，以性虛故。」〔註66〕據此，則染淨等法雖同依眞，但違順異故，染屬無明，淨歸性起。

---

〔註61〕《山家緒餘集》，《卍字續藏》冊一〇一，頁258後下。
〔註62〕《觀音玄義記》卷二中，《大正》三四，頁905上。
〔註63〕《大品般若經》卷一一五，《大正》八，頁332下。
〔註64〕《四念處》卷四，《大正》四六，頁578下。
〔註65〕《華嚴發菩提心章》，《大正》四五，頁655下。
〔註66〕《華嚴探玄記》十六，《大正》三五，頁215中。

其後繼者清涼澄觀大師，據說曾一度受學於天台湛然，其欲融攝天台性惡說於華嚴體系中亦較爲顯著《大疏鈔》云：

> 善惡二法，同以眞如以爲其性，若斷善性，即斷眞如，眞不可斷故，
> 性善不可斷，佛性即是眞實之性，眞實性即第一義空，如何可斷？
> 性惡不可斷，即妄法本眞，故爲無盡。〔註67〕

《華嚴經疏》二一又云：

> 然心是總相，悟之名佛，成淨緣起。作迷眾生，成染緣起，緣起雖
> 有染淨，心體不殊，（中略）以妄體本眞，故亦無盡，是以如來不斷
> 性惡，亦猶闡提不斷性善。〔註68〕

《大疏鈔》七九又云：

> 染淨相對，淨約絕相，染約契性，言不斷性惡者，惡同以心性爲性，
> 若斷性惡，則斷心性，性不可斷，亦猶闡提不斷性善。〔註69〕

澄觀此種「妄法本眞」之思想乃唯眞心說之特色，與賢首「性起唯淨」說應無二旨。故雖言性善性惡，亦如《起信》之言「一心二門」，而重點仍在眞也。生滅門之妄法乃就現實面之眾生，因無明風動成業識時方可說，成佛則無明斷盡，因地隨緣而現之九界差別妄法亦已無存，即所謂「除無明無差別」也。即欲渡生與眾同爲一惡事亦必藉神通作意不易爲功也。而天台之言性德善惡乃就法門說，非約法性（眞心）說，故除無明仍有差別，以客觀之善惡穢淨法門不因主觀之迷悟而有所改變，如「究竟蛣蜣」即是佛之穢惡法門。倘成佛時妄法必須對翻成無量清淨功德，此乃屬別教「緣理斷九」之思路。與知禮言「本具三千爲性善惡，緣起三千爲修善惡」〔註70〕及荊溪湛然之「三千在理同名無明，三千果成咸稱常樂」〔註71〕之性修不二，圓融三諦說異趣。故知天台性惡說乃是一家圓頓之談，亦最能表達性具說之特色者也。

### （二）有關性惡說之淵源問題

蓋一般言性善性惡者不外站在宗教，倫理或道德而立言。如儒家之孟子即從仁、義、禮、智四端之心，肯定人性之本善。〔註72〕而人之所以異於禽獸者，

〔註67〕《華嚴經大疏鈔》四二，《大正》三五，頁612中。
〔註68〕《華嚴經疏》二一，《大正》三五，頁658下。
〔註69〕《華嚴經大疏鈔》七九，《大正》三六，頁619上。
〔註70〕《觀音玄義記》卷二，《大正》三四，頁905中。
〔註71〕《十不二門》，《大正》四六，頁703下。
〔註72〕《孟子·公孫丑上》《孟子正義》，頁139世界書局。

則在是否能發揚此與生俱來之善性而已。此固與倫理道德有關。至於較孟子稍後之荀子則從人性之負面——貪欲考察，以爲性惡乃是與生俱來者，彼云：

> 人之性惡，其善者僞也，今人之性，生而有好利焉，順是故爭奪生而辭讓亡焉！生而有疾惡焉，順是故殘賊生而忠信亡焉！生而有耳目之欲，有好聲色焉，順是故淫亂生，而禮義文理亡焉！然則從人之性，順人之情，必出於爭奪，（中略）故必將有師法之法，禮義之道，然後出於辭讓，合於文理，而歸於治，用此觀之，然則人之性惡明矣，其善者僞也。〔註73〕

據此，則性惡乃由人之貪欲而來，故必以禮繩之，然後方成君子，此仍屬道德教育範圍，與佛家尤其是天台之言性惡者異趣也。蓋天台之言性惡，就是性德惡，此性德惡乃是性具百界中所涵攝之穢惡法門也，此法門乃客觀之存有，主觀之迷情（無明）可斷，法門則不可改也。此與儒家之言性善性惡之偏重倫理教化者異趣。據說日本華嚴宗之普寂大師，在其著述中即以爲天台性惡說，乃無視佛家倫理。〔註74〕實則性惡說乃天台性具說之別稱，在圓具之原理下故必含一切穢惡法門矣。此所以性惡說古來即視爲天台之獨說，雖則此種思想或見於其他經論，如世親《佛性論》中就如來藏之義舉所攝藏、隱覆藏、能攝藏之三義，其中所攝藏義云：

> 所攝名藏者，佛說約住自性如如，一切眾生是如來藏。言如者，有二義：一、如如智，二、如如境，並不倒故名如如。言來者，約從自性來來至至得，是名如來。（中略）一切眾生悉在如來智內，故名爲藏。以如如智稱如如境，故一切眾生決無有出如如境者，並爲如來之所攝持，故名所藏眾生爲如來。（中略）由此果能攝藏一切眾生，故說眾生爲如來藏。〔註75〕

就此所攝藏之如來藏，固將一切善惡諸法，攝於其自身之中，此與天台性具說似亦可相通。只是《佛性論》之所攝藏，乃就「佛果能攝藏一切眾生」，「一切眾生悉在如來智內」而言。換言之，即是就果地所得者倒轉過來，從因地說耳。並非謂如理本身能生起一切功德法也。故其所謂攝藏者亦只是就吾人憑依如理可得菩提心，加行，以至道後法身而言攝藏而已。理只是空如之理，

---

〔註73〕《荀子》卷十七〈性惡篇〉見《荀子集解》，頁71廣文書局。
〔註74〕參照安藤俊雄著，演培譯《天台性具思想論》，頁84。
〔註75〕《佛性論》卷二，《大正》三一，頁795下、796上。

其本身不能活動，此種如來藏乃相應唯識宗阿賴耶系統而說，其中道實相理
必須通過加行以充實之，方可言具。故只是但中之理而非即具之圓中也。

至於《勝鬘經》之如來藏則曰：

> 如來法身不離煩惱藏名如來藏〔註76〕

又云：

> 如來藏者，是法界藏、法身藏、出世間上上藏、自性清淨藏。此自
> 性清淨如來藏而客塵煩惱上煩惱所染不思議如來境界，何以故？剎
> 那善心，非煩惱所染，剎那不善心，亦非煩惱所染，煩惱不觸心，
> 心不觸煩惱，（中略）自性清淨心而有染者，難可了知。〔註77〕

據此，則雜染法畢竟是無明之客塵，彼乃憑依真心而緣起者，此妄法與真心
本不相應，沾不上，故云「煩惱不觸心」耳。而無明無根，性皆虛妄，一旦
化念歸心，即體同法性，但一清淨如來法身而已。此亦是性起唯淨說之論調，
與《起信論》之：

> 言法者，謂眾生心，是心則攝一切世間法，出世間法。〔註78〕

之「攝」字同調，俱視染法乃由吾人忽然念起而有，換言之，即是由無明憑
依真心而緣起者。此等染法，還滅時，經過轉識成智，俱轉成無量功德法，
有多少妄染，即有多少清淨，此種性起唯淨說，還滅不免緣理斷九。以如來
藏屬「斷斷」即思議斷故也。

至於言不思議斷之天台如來藏理，據《摩訶止觀》卷一言「六即」中之
「理即」則云：

> 理即者，一念心即如來藏理。如故即空，藏故即假，理故即中，三
> 者一心中具，不可思議，三諦一諦，非三非一。一色一香，一切法，
> 一切心，亦復如是，是名理即是菩提心，亦是理即止觀，即寂名止，
> 即照名觀。〔註79〕

所謂「一念心即如來藏理」意謂吾人當前剎那一念中即具十法界，就此而言
如來藏也。此理隱名如來藏，顯名法身，皆具三千世間法，隱者以未通過加
行，故為迷染三千，悟者解心無染而為法身，此是覺了三千，又就此「一念

〔註76〕《勝鬘經》，《大正》一二，頁221下。
〔註77〕《勝鬘經》，《大正》一二，頁222中。
〔註78〕《大乘起信論》，《大正》三二，頁575下。
〔註79〕《摩訶止觀》卷一，《大正》四六，頁10中。

心即如來藏」之自身言，則藏取藏庫之義，以本具十法界故。又就「如故即空，藏故即假，理故即中」三諦一心中具而言此理即佛者，亦只就客觀之佛理而言，非就主觀之覺悟而言佛也。

總之，天台之「一念心即如來藏理」乃是相應《法華》開權顯實，在不斷斷中之如來藏。故此如來藏乃就迷就事而論。就迷者，以有無明故，始有十法界之差別相，就事者，以一念心即是十法界，而十界互具即成百界千如三千世間也。如此，如來藏方可言即具一切善惡穢淨法門也。在不斷斷中方可以言法門不改及性惡之說也。至於《佛性論》所言之如來藏自性清淨空如理，則必待加行而後方能具足一切法；與《勝鬘經》、《起信論》等之性起唯淨說，以屬思議斷故，皆不可言性德善惡也。

至於題為南岳慧思所撰之《大乘止觀法門》則更逕言如來藏之性染性淨與事染事淨。〔註80〕而智者與南岳又有師承關係，故一般咸信，天台之性惡說乃根源於此書。如智旭之《大乘止觀釋要》則曰：

> 天台性惡法門，正本於此。〔註81〕

唯此書問題頗多，其是否真屬慧思所親撰，亦大有問題。再說，此書理論乃據《起信論》為底據，故屬如來藏緣起系統。此如來藏自性清淨心，如何可言性染，亦屬問題，茲留在下章再論。唯天台之性惡說，固不同於《止觀法門》，蓋天台之言性德惡，乃就法門之不改而立說，非約法性說也。染淨視乎主觀之迷悟，與客觀之善惡淨穢法門無涉也。故迷執之情可轉可斷，而善惡淨穢法門則不可斷也。以善惡穢淨法門皆性體所本具，如此，全性起修，全修在性。通過圓頓止觀，轉迷為悟，轉識成智，而迷悟同體，依而復即，般若智心即在此不斷（穢淨法門）斷（迷情）中呈現，解心無染即是「達於非道，魔界即佛。」此種「除病不除法」，「通達惡際即是實際」之性惡說，亦是最能代表天台圓教之特色，是以知禮在《金光明經玄義拾遺記》卷第二即云：

> 良由圓教指惡當體即是法界，諸法趣惡，十二因緣非由造作，即是佛性。故陀那惑性，賴耶無明，相相圓融，與秘密藏無二無別，是故得云識是覺了智慧異名，然若不以不斷煩惱，即惑成智，消此文者，圓意永沈。〔註82〕

---

〔註80〕參照《大乘止觀法門》，《大正》四六，頁646中、647中、下。

〔註81〕《大乘止觀法門釋要》，《卍字續藏》冊九八，頁466後上。

〔註82〕《金光明經玄義拾遺記》卷第二，《大正》三九，頁22中、下。

就此引文觀之，則知禮此語，實可作天台性惡說與不斷斷之最佳詮釋矣。

## 五、同體依他住之無住義

### （一）《維摩詰經》言無住本之天台釋義

天台教學之最大特色不外乎一念三千說，其所謂一念心乃就吾人當前介爾一念陰入妄心而言。故是煩惱心，亦是法性心，智者《四念處》則稱之為「一念無明法性心」。因屬圓念，故非阿賴耶系統之識心，彼雖言「一念心即如來藏理」〔註83〕然却非唯眞心之如來藏系統。以天台家原初亦無意立一自性清淨心而作為一切法之依止也。而是就「一念無明法性心」，依煩惱即菩提之方式，通過圓頓止觀，解心無染，即是般若智心之朗現。故不同於《起信論》之偏指清淨眞如心也。所謂「唯心之言，豈唯眞心」，此天台既非阿賴耶系統，又非如來藏系統，則在一切法之說明上，彼是以無明法性兩俱無住而言無住本立一切法並以此說展示天台實相學之性具圓理也。

此「無住本」蓋出於《維摩詰經・觀眾生品第七》，彼云：

問：善不善孰為本。

答：身為本。

又問：身孰為本？

答曰：貪欲為本。

又問：貪欲孰為本？

答曰：虛妄分別為本。

又問：虛妄分別孰為本？

答曰：顛倒想為本。

又問：顛倒想孰為本？

答曰：無住為本。

又問：無住孰為本？

答曰：無住則無本。文殊師利，從無住本立一切法。〔註84〕

此經文從善不善起問，往後追溯至無住為本止，共有五重依住。善不善依住

---

〔註83〕《摩訶止觀》卷第一下，《大正》四六，頁 10 中。

〔註84〕《維摩詰經・觀眾生品第七》，《大正》一四，頁 547 下。

於身，身依住於欲貪，欲貪依住於虛妄分別，虛妄分別依住於顛倒想，顛倒想依住於無住、住者、依住也。無住者，即無所依止之謂，故本身則無本。實則此五住煩惱皆以無本之無住爲其所本。一切法無自性即是無住，故知無住本只是緣起性空一義闡釋而已。天台始把「無住本」一詞分從兩面說，即法性與無明。據羅光老師以爲：

> 從無明立一切法，本是佛教的通論；然而以無明爲無住，從無住立
> 一切法，則是大乘圓教的說法。〔註85〕

依智者，「無住」即是「無明住地」；「無住本者，即是無始無明更無別惑所依住也。」〔註86〕從無明無住即法性，而言一切法空義，從法性無住即無明，而建立森羅俗諦，此亦即智者《四念處》所謂之「一念無明法性心」也。此是將《維摩詰經》「無住本」一詞之精義套入《法華》開權顯實，發迹顯本，在不斷斷與三道即三德下而圓說者也。

又此無明即法性，法性即無明，一體兩面之說，始見於《法華玄義釋籤》卷第十五，彼云：

> 初理事中云：「從無住本立一切法」者，無明爲一切法作本，無明即
> 法性。無明復以法性爲本，當知諸法亦以法性爲本。法性即無明，
> 法性復以無明爲本。法性即無明，法性無住處，無明即法性，無明
> 無住處，無明法性雖皆無住，而與一切諸法爲本，故云：「從無住本
> 立一切法」。無住之本既通，是故眞諦指理也，一切諸法事也，即指
> 三千爲其森羅，言從本垂迹者，此理性之本迹。由此乃有外用本迹。
> 是故始從理事，終乎已今。〔註87〕

此「無住本」通過天台性具圓說，在三道即三德下，必含法性無明兩無住處之義。故荊溪云：

> 若迷無住，則三界六道紛然而有，則立世間一切諸法，若解無住即
> 是無始無明，反本還源，發眞成聖，故有四種出世聖法，故因無住
> 立一切法。〔註88〕

總之，無明依法性，法性即無明，無二無別，此一切諸法，全體之始源俱是

---

〔註85〕 羅光老師《中國哲學思想史・魏晉隋唐佛學篇》，頁745至746。
〔註86〕 《維摩經玄疏》卷二，《大正》三八，頁528中。
〔註87〕 《法華玄義釋籤》卷第十五，《大正》三三，頁920上中。
〔註88〕 《維摩經略疏》卷第八釋〈觀眾生品〉，《大正》三八，頁676下。

無明，而無明之始源則是無住無本，換言之，即無住本乃諸法之實相，法性
與無明是相互對立而非自住者，法性在無明之中，無明在法性之內，此乃同
一事體之兩面，迷無住則「三千在理同名無明」，悟無住即「三千果成咸稱常
樂」。無明與法性相互切入而相即，圓融而無碍，故荊溪云：

> 今經檢覈煩惱之本，法性非煩惱，故言無住無本。既無有本，不得
> 自住，依他而住，若說自住，望法性爲他，亦得說是依他住也。說
> 自住是別教義，依他住即圓教義。〔註89〕

據此，則圓教之所以爲圓教，乃在此無明與法性兩皆無住，故體同而相依，
依而復即，此即爲天合性具說之圓融三諦也。

## （二）由無明與法性之體同體異判圓別

知禮《十不二門指要鈔》釋〈因果不二門〉云：

> 問：淨名疏釋無明無住云：「說自住是別教意，依他住是圓教意。」
> 且隨緣義，眞妄和合，方造諸法，正是依他，那判屬別？
>
> 答：疏中語簡意高，須憑記釋，〔註90〕方彰的旨。故釋自住，法性
> 煩惱更互相望，俱立自住，結云：「故二自他並非圓義，以其惑性定
> 能爲障，破障方乃定能顯理。」釋依他云：「更互相依，更互相即，
> 以體同故，依而復即」。結云：「故別圓教俱云自他，由體同異，而
> 判二教。」
>
> 今釋曰：「性體俱九，起修九用，但還依本，名同體依，此依方即，
> 若不爾者，非今依義。」故《妙樂》云：「別教無性德九，故自他俱
> 須斷九。」是知「但理」隨緣作九，全無明功，既非無作，定能爲
> 障，故破此九，方能顯理。若全性起修，乃事即理，豈定爲障，而
> 定可破？若執但理隨緣作九爲圓義者，何故《妙樂》中「眞如在迷，
> 能生九界」判爲別耶？故眞妄合，即義未成，猶名自住，彼疏次文
> 料簡開合，別教亦云依法性住，故須究理，不可迷名，此宗若非荊
> 溪精簡，圓義永沈。〔註91〕

以上爲四明知禮對無明，法性體同體別之簡別，亦可見無明無住，法性無住

---

〔註89〕《維摩經略疏》卷第八釋〈眾生品〉，《大正》三八，頁677上。
〔註90〕指荊溪《維摩經玄疏記》見卍字續藏冊二八。
〔註91〕《十不二門指要鈔》，《大正》四六，頁715下至716上。

之重要性。蓋身見，貪欲，虛妄分別，顛倒想四住煩惱皆依一「無始無明」。所謂無始即無根本之意。故無住處，不能自住，亦無自性，故根本只是一種迷惑，如一旦清醒，即是轉迷成悟，當體即空如無性，此空如無性即是法性。故云：從無始無明立一切法，一切法當體即空，無始無明亦當體即空，當體即空，意即不出法性也。故無明無住本，實已函法性之觀念矣。

此無明與法性兩皆可說無住，亦兩皆可說自他。就其自己說自，就其相對而言，互以對方為他，因有自他，故可言自住與依他住。如無明與法性體別，則此自他乃體別之自他，體者乃就事體而言，體別者謂各有一獨立體也。此體別之自他，亦非毫無依存關係。如無明雖非法性，及其起也，也必憑依法性而起現。此即無明之依待法性也。法性即是無明之依他住。法性雖非無明，但為無明所覆，故隨逐於無明，此即法性依存於無明，無明遂成法性之依他住，此二依他，實亦只是體別之依他住。故是真妄合之依他。合則不能算是「即」，故知禮云：

> 應知今家明即，永異諸師，以非二物相合，及非背面相翻，直須當體全是，方名為即。〔註92〕

此種依他乃是順《起信論》與華嚴宗之所說，故為別教。故荊溪云：

> 故二自他，並非圓義，以其惑性，定能為障，破障方乃定能顯理。〔註93〕

彼在《法華文句記》卷第一了解〈別教觀無生智〉中亦云：

> 真如在迷，能生九界，即指果佛為佛法界，故總云十，是故別人覆理，無明為九界因，故下文中，自行化他皆須斷九。九盡方名緣了具足，足故正因方乃究顯。〔註94〕

又云：

> 但理為九界覆，而為所依，法界只是法性，復是迷悟所依，於中亦應云：從無住本立一切法，無明覆理，能覆所覆，俱名無住，但即不即異而分教殊。今背迷成悟，專緣理性，而破九界。〔註95〕

由於無明與法性體別，此法性即成但理。但理者，但只理自己。「但理」為九

---

〔註92〕《十不二門指要鈔》，《大正》四六，頁707上。
〔註93〕《維摩經玄疏記》，《卍字續藏》冊二八亦見於《維摩詰經略疏垂裕記》卷九，《大正》三八，頁830中。
〔註94〕《法華文句記》卷第一下，《大正》三四，頁171上。
〔註95〕《法華文句記》卷一下，《大正》三四，頁171中。

界所覆，復爲九界之所依，故破九方能顯理成佛，此即爲「緣理斷九」也。
至於體同之依他乃就眞妄相即而言，荊溪云：

> 依他即圓者，更互相依，以體同故，依而復即。〔註96〕

又此所謂體同者，意即法性與無明同一事體也。法性當體即是無明，無明當
體即是法性。在此體同上，法性固可言自，唯自非體別之自，乃就當體即無
明之「自」，故亦自而非自，自即是他。非離無明別有一抽象但理之法性，亦
非離法性別有一孤調之無明。反過來說無明亦然。總之，自即是他，意即表
示兩自俱是依他住，此依他住乃屬「體同之依而復即」之依他住。故非眞妄
合義，而是眞妄相即之圓教也。

　　又此「體同」之依而復即之事體，乃就主觀之迷悟而分眞妄染淨。唯眾
生無始以來，即在迷染之中，順此迷染，便是法性即無明，悟則轉成無明即
法性。雖有迷悟染淨不同，而十法界之法門終不可改，一切皆性德本具也。
故知禮云：

> 約即論斷，故無可滅，約即論悟，故無可翻，煩惱生死，乃九界法，
> 既十界互具方名圓，佛豈轉九耶？如是方名達於非道，魔界即佛，
> 故圓家斷證迷悟，但約染淨論之，不約善惡淨穢說也。諸宗既不明
> 性具十界，則無圓斷、圓悟之義。〔註97〕

染淨乃屬主觀上之事，迷則染，悟則淨，善惡淨穢法門則屬客觀存有之事，
泛指六凡四聖十法界說也。其中地獄、餓鬼、畜生是爲三惡道，人、天、阿
修羅是爲三善道，此六道眾生通名爲穢，聲聞、緣覺、菩薩與佛四聖通稱四
淨。唯此淨乃就法類而說，非謂二乘菩薩已斷惑盡，無無明也。故對佛界言，
此九界仍屬穢也。佛斷惑盡，已無無明，故爲絕對清淨。而九界法仍不斷者，
以主觀之迷情可去，客觀穢惡之法門終不可改也。

　　總之，差別即九界，無差別即佛界，而佛不斷九以爲佛，則差而無差，
無差即差。是則法法皆實而不可斷，一體平舖，但去其病，不去其法也。故
《維摩詰經‧弟子品》第三云：

> 不斷淫怒癡，亦不與俱，不壞於身，而斷一相，不滅癡愛，起於明
> 脫，以五逆相而得解脫，亦不解不縛。〔註98〕

---

〔註96〕同註93。
〔註97〕《十不二門指要鈔》，《大正》四六，頁707中。
〔註98〕《維摩詰經‧弟子品第三》，《大正》一四，頁540中。

據此，則即於九法界而成佛是不斷，解心無染明脫而成佛是斷。此之謂「不斷斷」。以無明即法性，真妄本是相即，何須斷無明始顯法性耶？解心無染，即無無明，此即是斷，而不滅淫怒痴，即是不斷無明法，所謂「除病不除法」是也。

要之，染著是病，「淫怒痴」是法，「不滅淫怒痴」是不除法，「亦不與俱」是除病。九法界之差別是法，滯於九法界之差別是病，於九法界而無染著，即是「除病不除法」，故一一法皆實而無可斷，此方是即於九法界而成佛也。然必就法性與無明同體方可言此不思議圓斷也。如別教則只是「斷斷」，以別教之法性與無明體別而不相即，還滅必須緣理斷九，九界無明之法已斷，故無無明可即，此所以牟宗三老師謂別教「法性即無明」一語即不易證成也。〔註99〕

## 第三節　實相論與真如緣起說

### 一、天台教學之唯心色彩

天台教學之特色是教觀雙美，定慧雙修。其觀法最著者莫如一心三觀之三諦圓融之說。此法門據傳乃北齊慧文禪師依龍樹《智論》卷二七之「一心中得一切智」與《中觀論·四諦品》之「因緣所生法」四句偈而悟了一心三智（一切智、道種智、一切種智）與一境三諦（空、假、中）之義。即一而三，即三而一，遂成天台三諦三觀之圓頓止觀法門。此法門乃就「一念無明法性心」而言即具三千世間法，故本質上屬實相學而非唯心說者，然而就實踐躬行之便宜上，天台學仍免不了有唯心之色彩。以唯心說乃大乘之通說。智旭在《大乘止觀釋要》即云：

> 夫佛祖授受，不過以心印心，此心之體即是大乘。〔註100〕

智者大師之一念三千不思議境更自承取自《華嚴經》第十〈夜摩天宮自在品〉之唯心偈，彼云：

> 不可思議境者，如《華嚴》云：心如工畫師，造種種五陰，一切世間中，莫不從心造。〔註101〕

據此，則天台學亦屬唯心說，唯與一般唯心論不同者乃專就實踐躬行之便宜

---

〔註99〕參照牟宗三老師《佛性與般若》，頁698。
〔註100〕《大乘止觀釋要》，《卍字續藏》冊九八，頁438前上。
〔註101〕《摩訶止觀》卷五上，《大正》四六，頁52下。

而言耳。誠如荊溪湛然大師《金剛錍》云：

> 若不立唯心，一切大教全爲無用，若不許心具，圓頓之理乃成徒施。

〔註102〕

據此可知，天台三諦圓融之理，如非透過觀心法門，亦不易達也。

由於大乘之教，莫不唯心，故天台自亦不免此一通義，智者大師《四教義》之「觀心二門」即以一心爲本，彼云：

> 問曰：四教從何而起？
>
> 答曰：今明四教，還從前所明三觀而起。（中略）
>
> 問曰：三觀復因何而起？
>
> 答曰：三觀還因四教而起。
>
> 答曰：觀教復因何而起？
>
> 答曰：觀教皆從因緣所生四句而起。
>
> 問曰：因緣所生法四句，因何而起？
>
> 答曰：因緣所生法四句即是心，心即是諸佛不思議解脫；諸佛不思議解脫，畢竟無所有，即是不可說，故淨名杜口，默默無說也。有因有緣故，亦可得說者，即是用四悉檀，說心因緣所生法之四句，四種根性，十二因緣法所成眾生而說也。〔註103〕

此言四教：藏、通、別、圓俱是由空、假、中之三觀而來，天台教義亦依三觀四教之綱領組成。質言之，即是由因緣所生法之四句而起，此四句乃諸佛之不思議解脫，故名爲心。至此心之屬理屬事，屬染屬淨，依天台事理不二，性修不二之說，事心即理心，理心即事心。吾人當前一念之妄心，即諸佛悟後之不思議解脫眞心，以「能造所造既是唯心，心體不可局方所故。」〔註104〕要之，就整體而言，天台並未出於唯心論之常例，卻是事實。

## 二、觀法上之便宜——取心法之原因

天台分法爲三：即眾生法、佛法及心法三類，在觀法上之所以獨取心法者，據《法華玄義》云：

---

〔註102〕《金剛錍》，《大正》四六，頁782下。
〔註103〕《四教義》卷一，《大正》四六，頁724上。
〔註104〕《金剛錍》，《大正》四六，頁783中。

眾生法太廣，佛法太高，於初學爲難，然心佛及眾生是三無差別者，
但自取己心則爲易。〔註105〕

《摩訶止觀》第七正觀中之第一陰入境言十乘止觀法即把十二入，十八界去
除，而就五陰。五陰中又去前四陰，單取識陰，把浩翰之陰入境縮小至只取
唯心一法，彼云：

然界內外，一切陰入，皆由心起，佛告比丘，一法攝一切法，所謂
心是。論云：一切世間中，但有名與色，若欲如實觀，但當觀名色。
心是惑本，其義如是，若欲觀察，須伐其根，如灸得穴，今當去丈
就尺，去尺就寸，置色等四陰，但觀色陰者是也。〔註106〕

實則此種觀法上之唯心論，乃就實踐躬行之便宜而施設者，非謂天台之理論
有唯心之傾向也。蓋天台學乃依《法華經》及龍樹之《中觀論》而成立，而
此二經論，無論何種，俱非建立唯心理論者，如就天台之教義觀察，則與其
說是唯心，無寧說是反對唯心更爲恰當。以天台骨子裏仍是實相學故也。宜
乎羅光老師所云：

天台宗所謂的心，不是普通哲學上所講的心，天台的心，不是智識，
不是靈性的理智本能，也不是絕對精神體，它是實相，是一切法的
實相。〔註107〕

彼以爲：

諸法實相不是一個離開萬法的絕對實體，諸法被看爲絕對實體的外
在表面；而是實體即是萬法，萬法即是實體。〔註108〕

《妙法蓮華經玄義》卷八下亦云：

所謂實相，實相之相，無相不相。不相無相，相名爲實，實相此從
不可破壞得名。〔註109〕

諸法既是實相之異名，而實相當體，又實相亦是諸法之異名，而諸
法之當體。〔註110〕

據此，則宇宙萬有之諸法，當下即是眞理，一色一香無非中道。故在色心二

---

〔註105〕《妙法蓮華經玄義》，《大正》三三，頁 696 上。
〔註106〕《摩訶止觀》卷第五上，《大正》四六，頁 52 上。
〔註107〕羅光老師《中國哲學思想史・魏晉隋唐佛學篇》，頁 759。
〔註108〕羅光老師《中國哲學思想史・魏晉隋唐佛學篇》，頁 723。
〔註109〕《妙法蓮華經玄義》卷八下，《大正》三三，頁 783 中。
〔註110〕《妙法蓮華經玄義》卷八下，《大正》三三，頁 783 中。

者之中並無偏重於心或物之一方。而是色心不二，等量齊觀者，故不能因智者說一念三千而謂其即主張唯心論。依智者，唯識、唯心之立場若可說，則唯色、唯香亦非不可說，彼在《四念處》卷四即云：

> 若色心相對，離色無心，離心無色。若不得作此分別色，無分別色，云何得作分別識，無分別識耶？若圓說者，亦得唯色、唯聲、唯香、唯味、唯觸、唯識、若合論、一一法，皆具足法界諸法等。（中略）今觀明白十法界法，皆是一識、識空、十法界空、識假、十法界假、識中、十法界亦中。專以內心破一切法，若外觀十法界即見內心。當知若色若識，皆是唯識，若色若識皆是唯色，今雖說色心兩名，其實只一念，無明法性十法界即是不可思議一心，具一切因緣所生法，一句名爲一念無明法性心，若廣說四句成一偈，即因緣所生心，即空、即假、即中。〔註111〕

據此，則可知以唯心論釋天台之一念三千乃屬絕大之誤解，心、佛、眾生之三法，無論何種，俱可作爲止觀對象，但以佛法過高，眾生法過廣，故選近要之心法而說耳。又此止觀雖取約心觀法之立場，然約心非等於唯心，即使唯心亦非唯眞心，故後世山外派將止觀約心之說，誤解爲與《起信論》，華嚴宗一系之唯眞心論。把一念視作「靈知眞性」，此則爲對本宗義理認識不深，對智者之「一念」亦無深切契入故也。

## 三、介爾一念與眞心之呈現

　　《摩訶止觀》就一念三千而言即空、即假、即中之三諦圓融實相之理，此一念圓具三千法中之「一念」究屬何等性質之「一念」，是「理心」抑或是「事心」，彼有如下之說明，彼云：

> 若無生門千萬疊，只是無明一念，因緣所生法，即空，即假，即中，不思議三諦，一心三觀，一切種智，佛眼等法耳。〔註112〕

又云：

> 心是惑本，其義如是，若欲觀察，須伐其根，如灸病得穴，今當去丈就尺，去尺就寸，置色等四陰，但觀識陰，識陰者，心是也。

---

〔註111〕《四念處》卷四，《大正》四六，頁 578 下。
〔註112〕《摩訶止觀》，《大正》四六，頁 84 中下。

〔註113〕

《四念處》卷四則曰：

> 今雖說色心兩名，其實只一念，無明法性，十法界即是不可思議一
> 心，具一切因緣所生法，一句名爲一念無明法性心。〔註114〕

據此，則此一念三千中之「一念」明是指剎那心，陰入心，所謂「介爾有心，
即具三千世間」，此心應就無明一念心說，若以爲偏指清淨眞如心則誤。所謂
「唯心之言，豈唯眞心！」〔註115〕故一念心既非如來藏緣起系統之自性清淨
心，亦非阿賴耶緣起系統之虛妄唯識。而是經過《法華經》之開權顯實，發
迹顯本後，決了賴耶依持與眞如依持二系統之權後，通過圓頓止觀工夫，了
知無明無住，無明即法性，則般若智心即在此一念三千中呈現。此圓頓止觀
不思議三諦，三智，即是般若、解脫與法身。般若之用即在此顯，而清淨心
體亦在此證，即體即用，即用即體，總在「一念無明法性心」中顯示。此亦
即荊溪湛然所謂：

> 三千因果俱名緣起，迷悟緣起不離剎那，剎那性常，緣起理一，一
> 理之內而分淨穢，別則六穢四淨，通則十通淨穢，故知剎那染體悉
> 淨，三千未顯驗體仍迷。〔註116〕

據此，則穢淨取決於吾人當前介爾一念心之或迷或悟，迷則「三千在理同名
無明」，悟則「三千果成咸稱常樂」。天台實未預設一眞心作爲一切法生起之
依據也。彼但以「一念無明法性心」爲首出。則一念心既有煩惱法，亦有智
慧法，若一念昏沈，無明心與法性合即有無量煩惱，唯「若識無始即法性爲
無明，故可了今即無明爲法性。」〔註117〕解心無染，無明即明，清淨眞心即
在此剎那識心中呈現，就識心言智性，故云：

> 識名爲覺了，是智慧之異名爾。〔註118〕

又云：

> 苦道者，謂識、名色、六入、觸、受，大經云：無明與愛，是二中
> 間名爲佛性。中間即是苦道。名爲佛性者，名生死身爲法身，如指

---

〔註113〕《摩訶止觀》卷五上，《大正》四六，頁525上、中。
〔註114〕《四念處》卷四，《大正》四六，頁578下。
〔註115〕《金剛錍》，《大正》四六，頁783中。
〔註116〕《十不二門》，《大正》四六，頁703下。
〔註117〕《十不二門》，《大正》四六，頁703下。
〔註118〕《金光明經玄義》卷上〈釋三道〉，《大正》三九，頁4上。

冰爲水爾。煩惱道者，謂無明、愛、取、名此爲般若者，如指薪爲

火爾，當知三道，體之即眞，常樂我淨，與三德無二無別。〔註119〕

據此，當識心法性化時，即是智德顯而爲智心，煩惱罪業法性化時，即斷德顯而爲定心，此智、定二心俱就「無明無住，無明即法性」時呈現而爲一清淨眞心。唯此清淨眞心卻非孤懸而起現，彼必即於三千法而爲智定。此眞心實只是一個無執之境界而已，非有一不空之實體名曰如來藏之自性清淨心，一如《起信論》之預設者也。依天台，眞心定慧緣了二佛性即收於「一念心即如來藏理」中而爲不縱不橫圓說之三佛性，故三德滿亦即是眞心之全體朗現矣。

## 四、天台之言「具」義

《摩訶止觀》卷五上云：

夫一心具十法界，一法界又具十法界、百法界，一界具三十種世間，

百法界即具三千種世間，此三千在一念心，若無心而已，介爾有心，

即具三千，亦不言一心在前，一切法在後，亦不言一切法在前，一

心在後，（中略）只心是一切法，一切法只心故，非縱非橫，非一非

異，玄妙深絕，非識所識，非言所言，所以稱爲不思議境。〔註120〕

此乃天台正說一念三千爲不思議境也。而其所謂「介爾有心，即具三千」之「心」亦是隨便宜施設，故亦可唯色、唯聲、唯香、唯味、唯觸，一如智者在《四念處》所說者。所謂一色一香無非中道，低頭舉手俱成佛道，故《金剛錍》云：

遍者，以由煩惱心性遍，云佛性遍。故知不識佛性遍者，良由不知

煩惱性遍故，唯心之言，豈唯眞心，（中略）子尚不知煩惱心遍，安

能了知生死色遍？色何以遍？色即心故。何者？依報共造，正報別

造，豈信共遍，不信別遍耶？能造所造，既是唯心，心體不可局方

所故，所以十方佛土皆有眾生理性心種。〔註121〕

據此，由煩惱心遍而言佛性遍。此即是「煩惱即菩提」，「生死即涅槃」等語之確解。蓋迷則全體是煩惱，即佛界亦迷染，悟則全體爲佛性，即地獄亦悟

---

〔註119〕同前註，頁4上中。

〔註120〕《摩訶止觀》卷五上，《大正》四六，頁54上。

〔註121〕《金剛錍》，《大正》四六，頁783中。

淨。心既是煩惱心，故心體非清淨眞如體，而是煩惱心之當體自己之事體也。此煩惱心就是生死色，故荊溪云：「心之色心」〔註122〕是也。依圓教，所謂圓談法性理者，其所謂一念心具亦即性具。以心是「一念無明法性心」故可由此而言性具，理具也。其所以必先言心具者，以心方可言緣起造作地具、性、理本身則無所謂緣起也。良由此一念乃圓之一念，故亦可透過此「一念無明法性心」而言一切法皆從法性心而示具，如此，一切法之無明心當體即是空如之法性理也。以法之性（空如性）乃即於法而見。而法性又即於一切法而且具備一切法，故言性具也。

至於理具亦復如是。理具者，中道實相理也。此中道實相之中即是圓中，即空、即假、即中而具備着十界法也。換言之，中道實相理乃即於且具備着十法界而爲實相理，故由此而言理具也。

然無論性具或理具，依天台，俱就迷中事理說也。此亦即「六即」中之「理即」也。理即者，即無明之法性也。意謂迷中之實相帶着三千法即空、即假、即中而爲佛也。故佛只約客觀之理即而言佛，尚未通過主觀之修行而證顯也。

總之，理即佛乃是依性具或理具而說，而性具或理具則是依一念無明法性心說，從心說具乃是緣起造作地具，故爲事具、念具；從性或理言具者則是性具、理具，此是以「即」而言具也。然無論念具、理具，要皆圓具也。

## 五、實相學與眞如緣起說之比較

晉譯《華嚴經》第十〈夜摩天宮自在品〉云：

心如工畫師，畫種種五陰，一切世間中，無法不造作，心如佛亦爾，
如佛眾生然，心佛及眾生，是三無差別。〔註123〕

所謂「三界唯心，萬法唯識」，此乃佛家之通義，即天台亦未能違。然終不害其所以爲純圓獨妙而異於其他宗派者，以由心具直言體具、性具之實相學故也。荊溪《金剛錍》云：

言心造心變，咸出大宗。小乘有言，而無有理。然諸乘中，其名雖
同，義亦少別。有共造報，各造正報，有共造正報，各造依報，眾
生迷故，或謂自然梵天等造。造已，或謂情與無情。故造名猶通，

---

〔註122〕《十不二門》，《大正》四六，頁703上。
〔註123〕《華嚴經》第十〈夜摩天宮自在品〉，《大正》九，頁465下。

> 應云心變，心變復通，應云體具，以無始來，心體本遍，故佛體遍，
>
> 由生性遍。〔註124〕

此言依佛家，心造之說可得依正二報也。諸如世界、國土、房舍、器具等乃
眾生因先業而感之，其身則依之而住，故名依報也。至五蘊之身，乃諸眾生
各因先業所感而得，故名正報也。只有外道迷執不解心造之理，遂誤以爲一
切法乃自然梵天等造，並起偏計，妄分有情眾生與無情草木瓦石之別也。此
所以「造」義遍通大小各乘與外道諸教也。唯要顯出佛教特色，則又必須言
心識變現也。然小乘莫不言心變，而眞能從心變中顯出純圓獨妙者，則莫如
天台之言體具、性具之實相學矣。而其所以謂體具體遍者，以眾生之煩惱心
性遍一切，故謂佛體遍攝一切耳。彼繼云：

> 遍有二種：一、寬廣遍，二、即狹遍。所以造通於四，變義唯二，
>
> 即具唯圓；及別後位，故藏通造六，別圓造十，此六及十，括大小
>
> 乘，教法罄盡，由觀解異，故十與六，各分二別。〔註125〕

據此，則遍分寬廣與即狹二義，單言造義，仍屬寬廣，故必言即具也。又此
「造」通於藏通別圓四教，唯心識變現方限於圓別二教耳。至即具說則更非
圓教莫屬，以藏通二教但言造六道眾生法而已，別圓則已言遍攝十法界矣。
如此，造六中有藏通之別，造十則有別圓之分，此俱由觀解之入路不同而異
也。彼繼云：

> 藏見六實，通見無生，別見前後生滅，圓見事理一念具足，論生，
>
> 兩教似等，明具，別教不詮，種具等義，非此可述。〔註126〕

此言藏教未去法執，故見六道眾生俱爲實有，至大乘通教方悟諸法無生。別
教則見前生滅唯是識現，至圓教方見一念之中，三千理事具足也。又此別圓
兩教，俱言無生，唯理具之說，別教不言，（種子識之具與理具不同）只圓教
方說。彼繼云：

> 故別佛佛性，滅九方見，圓人即達九界，三道，即見圓伊，三德通
>
> 體。〔註127〕

此別教佛性乃就眞如心說，故非滅除九界，不易顯果佛也。此與天台圓教之

---

〔註124〕《金剛錍》，《大正》四六，頁 785 中。

〔註125〕同前註。

〔註126〕同前註。

〔註127〕同前註。

言一念心具足三千世間，意謂由佛界當下即具足六道、二乘、菩薩之九界法並於一念三千當下即顯般若、解脫、法身之三德通攝、圓融義別也。彼繼云：

> 一家所立不思議境，於一念中，理具三千。故曰一念中具有因果，凡聖、大小、依正、自他，故所變處，無非三千，而此三千性是中理，不當有無，有無自爾，何以故？俱實相故，實相法爾具足諸法，諸法法爾性本無生，故雖三千，有而不有，共而不雜。雖亦不分，雖一一遍，亦無所在。〔註128〕

據此，則一念三千不思議境中，所具之因果，凡聖、大小、依正、自他等，莫非「即空、即假、即中」之中理，當下亦即是「即空、即假、即中」之實相。實相一相，即是如相，即是無相，由此而言色心不二，因果不二，性修不二，染淨不二與內外不二等諸不二法門也。

知禮在《十不二門指要鈔》卷下釋〈因果不二門〉云：

> 他宗明一理隨緣作差別法，差別是無明之相。淳一是真如之相，隨緣時，則有差別。不隨緣時，則無差別，故知一性與無明合，方有差別，正是合義，非體不二。以除無明，無差別故。今家明三千之體，隨緣起三千之用，不隨緣時，三千宛爾。故差別法與體不二。以除無明，有差別故。驗他宗明「即」，「即」義不成。以彼佛果唯一真如，須破九界差別，歸佛界一性故。今家以即離分於圓別，不易研詳，應知不談理具，單說真如隨緣，仍是離義。故第一記云：「以別教中無性德九故，自他俱斷九也。」若三千世間是性德者，九界無破，即佛法故，即義方成，圓理始顯。故《金錍》云：「變義唯二，即具唯圓。」故知具變雙明，方名即是，若隨闕一，皆非圓極。〔註129〕

據此，則天台圓教之所以異於別教者，乃在於「即具」兩字而已。別教如《起信論》華嚴宗等偏指清淨真如心，以無明不覺，忽然念起，而現種種差別之相，此種種差別皆由無明而起方有之客塵，除無明即無差別矣。蓋別教真如之體淳一無染，故成佛必須隔斷九界法也。至天台圓教，則言介爾一念之中即具三千世間法，隨緣時，起三千之用，不隨緣時，三千之法仍宛爾不改。以無明法性兩俱無住故，即意味其本身無有自性，以無自性故，當體即空，此所以無明與法性乃同一當體，體同而相依，依而復即。念念執着，則是識

---

〔註128〕《金剛錍》，《大正》四六，頁785中、下。

〔註129〕《十不二門指要鈔》卷下，《大正》四六，頁715中。

具三千，解心無染，即是智具三千，迷悟有殊，三千法門則無一可改也。以三千世間法，俱為性德所本具，九界並無所破，方名圓理。此所以知禮《金光明經玄義拾遺記》卷二云：

> 若謂結佛界水為九界冰，融九界冰歸佛界水，此猶屬別，若知十界互具如水，情執十界局限如冰，融情執冰，成互具水，斯為圓理。
> 〔註130〕

據此，則成佛必即九界，具九界而成佛，非破滅九界而成佛也，故天台宗即以具不具，即不即而判圓別，而依「不具」、「不即」而視《起信論》與華嚴宗為「緣理斷九」，不亦宜乎！

〔註130〕《金光明經玄義拾遺記》卷二，《大正》三九，頁23中。

# 第四章　《起信論》對天台教學發展之影響

## 第一節　《大乘止觀法門》之義理架構與起信論天台宗之關係

### 一、本書之組織及特色

　　題爲南岳慧思禪師撰之《大乘止觀法門》一書乃天台文獻中與緣起論尤其是《起信論》關係最爲密切之一部論著。此書現存於日本新修《大正藏》第四十六冊內。題目下又別有「南岳思禪師曲授心要」十字。明白顯示本書乃一部唯心論典，而非實相學系之著作也。

　　要之，以《起信論》眞如緣起說爲其所依據，並揉合《攝論》之思想乃是本書最大之特色。以本書除引用《起信論》論述心意識中之眞妄和合識爲其中心體系外，又刻意強調性染之說，以示天台性惡思想之特色，復以三性三無性等《攝論》思路，以達除妄成眞，與全眞起妄之目的也。

　　本書之組織共分三大科目，即：略標大綱、廣作分別、歷事指點，而其中最要者則在廣作分別一科，此中又別分五番建立，以說明止觀法門。所謂五番建立，據大正四六頁 642 上所載即：一、明止觀依止，二、明止觀境界，三、明止觀體狀，四、明止觀斷得，五、明止觀作用。

　　其中「止觀依止」者，乃謂修止觀法門，必須依止一心也。本書於此「一心」即列舉許多異名。彼云：

　　　初出眾名者，此心即是自性清淨心，又名眞如，亦名佛性，復名法

身，又稱如來藏，亦號法界，復名法性，如是等名，無量無邊，故言眾名。〔註1〕

凡所舉述，名異實同，要皆成立止觀之本體而已。唯本段在辨解此等異名及解說一心之義理時，其論據與立場乃是以《起信論》爲基礎，以如來藏緣起說之意旨而詮釋，其篇幅幾佔全書大半，此所以日僧貞舜謂《大乘止觀》乃《起信論》末論矣。〔註2〕然無論如何，本書之精神在於《起信》則是事實，此可從本書中引證《起信論》文次數之多，得到證明。其中下列八條引文是較爲顯著者。

《起信論》言，一切諸法，從本已來，離言說相，離文字相，離心緣相，畢竟平等，無有變異，不可破壞，唯是一心，故名眞如。〔註3〕

所謂自性有大智慧光明義故，眞實識知義故，常樂我淨義故，如是等等無量無邊性淨之法，唯是一心，具有如《起信論》廣明也。〔註4〕

《起信論》言：因熏習鏡，謂如實不空，一切世間境界，悉於中現，不出不入，不失不壞，常住一心，以一切法即眞實故。〔註5〕

論言：三者用大，能生世間出世間善因果故。〔註6〕

論言：以依本覺故有不覺，依不覺故而有妄心，能知名義，說爲本覺，故得始覺即同本覺，如實不有始覺之異也。〔註7〕

論云：不生不滅與生滅和合說明阿賴耶識。〔註8〕

論云：阿賴耶識有二分，一者覺義，二者不覺。〔註9〕

論言：心眞如者，離心緣相。〔註10〕

從上引述，可知本書與《起信論》關係之密切，唯本書仍有其特色，彼雖引證《起信》，亦不必同於《起信論》之釋義也。諸如性染之說，則已非《起信

〔註1〕 《大乘止觀法門》，《大正》四六，頁642上。
〔註2〕 見村上專精《佛教唯心論概論》，頁214。
〔註3〕 《大乘止觀法門》，《大正》四六，頁642上。
〔註4〕 《大乘止觀法門》，《大正》四六，頁646上。
〔註5〕 《大乘止觀法門》，《大正》四六，頁647中。
〔註6〕 《大乘止觀法門》，《大正》四六，頁648中。
〔註7〕 《大乘止觀法門》，《大正》四六，頁653下。
〔註8〕 《大乘止觀法門》，《大正》四六，頁653下。
〔註9〕 同前註。
〔註10〕 《大乘止觀法門》，《大正》四六，頁654下。

論》所言。至於三性三無性之說更是摘取唯識學系之理論，此以《法華經》及《般若經》思想爲其教學重心之慧思，在《止觀法門》一書中竟能熟練運用此等唯識名相與《起信論》之緣起思想，總是不可思議，而難以令人置信本書乃出於其親撰也。

## 二、有關本書之來歷

### （一）最早在中國流通之文獻記載及台宗學者對本書所持之態度

據唐釋道宣之《續高僧傳》卷十七〈慧思傳〉中有關慧思之著作部份但云：

> 凡所著作，口授成章，無所刪改，造四十二字門兩卷，無諍行門兩卷，釋論玄，隨自意安樂行，次第禪要，三智觀門等五部各一卷，並行於世。〔註11〕

據此則並無《止觀法門》一書之記載也。本書亦未嘗見天台智者，章安灌頂或荊溪湛然等任何一位大師所引述，本書在中國之正式刻板流通則在宋眞宗年間，據出資刻文者度支外郎朱頔序云：

> 嗟夫斯教，雖大顯示啓來者，而人世未之普見。流於海外，逮五百年。咸平中，日本國僧寂照以斯教航海而來。復歸聖朝，天禧四年，夏四月，靈隱山天竺教主遵式將示。生生之佛種，咸成上上之勝緣，乃俾刻其文，又復以序爲請。〔註12〕

天台教主遵式之序文則曰：

> 憶斯文也，歲月邈遠，因韜晦於海外，道將復行也。果咸平三紀，日本國圓通大師寂照，錫背扶桑，杯汎諸夏，既登鄮嶺，解篋出卷。天竺沙門遵式首而得之，度支外郎朱公頔冠首序。〔註13〕

據此書序文所述，本書乃咸平天禧年間，由日僧寂照自日本帶返，先交遵式，復請朱頔出資刻文，遂得流通。在此之前，我國無一人得見及也。而慧思乃南北朝時陳人，其著作雖云「口授成章」由弟子筆錄，不必爲其本人之親撰，然當時竟無抄本流通，智者爲其弟子，對此書又毫無所知，以致流落海外逮五百年，誠屬不可思議之事。蓋陳、隋之際，乃佛教鼎盛時代，期間並無法

〔註11〕《續高僧傳》，《大正》五○，頁564上。
〔註12〕《大乘止觀法門》，《大正》四六，頁641上。
〔註13〕《大乘止觀法門》，《大正》四六，頁41中。

難，若此書果為慧思所親述，何以竟未流行於師弟之間，而無端潛流海外，韜晦於日本，寧非怪事？或以為此書乃慧思晚年著述，至智者未能得見也。唯終有唐一代，垂三百年，何竟未見流通，關於此點，聖嚴法師據《續高僧傳》卷二五〈法冲傳〉所云：

> 三藏玄奘憎惡舊譯經典，不許講舊所翻經。〔註14〕

彼以為本書義理多據舊譯《起信論》與《攝大乘論》因屬於舊翻之列而被禁止，遂不得流通。〔註15〕

唯本書不屬翻譯，應無被禁之理由，諸如《攝大乘論》之義理，玄奘亦未斥拒，只是新翻而已，況上所引〈法冲傳〉其下又別有如下之記錄、彼云：

> 冲曰：君依舊經出家；若不許弘舊經者，君可還俗，更依新翻經出
> 家，方許君此意，奘聞遂止。〔註16〕

據此，則舊翻經典，玄奘當時亦未屬行禁絕也。則此書自慧思創作迄宋真宗咸平間，逮五百年未曾流通於中國之迷，終不可解，據此緣由，則不易視為慧思所作也。

又此書既從海外歸來，何以交遵式而不交知禮？遵式與知禮俱屬寶雲義通弟子，既屬同門，且知禮又主延慶道場，中興天台，時稱四明尊者，是繼祖正宗。其《指要鈔》與《十義書》之作要在潛斥山外之以《起信論》思路釋天台者，遵式焉有不知？又彼雖未參予知禮與山外諸家辯諍，唯彼曾為《指要鈔》作序，可知彼並未贊助山外者，則如本書盛談如來藏緣起之說，與天台實相論大相逕庭，遵式何以竟不先交知禮鑑定，遽遽認定為慧思撰述，並為作序而不稍質疑？再者，此書刻板之後，知禮時仍健在，當閱及此書，而始終未置一詞者，據牟宗三老師以為知禮與遵式對此書俱抱相同之態度，即不以此書為偽託，唯却不逕視此書可代表天台宗義，但以慧思歸慧思，天台歸天台之態度，如此，則吾人今日似亦不易逕視之為偽託之書也。〔註17〕

至於僧傳中對本書之揭載，僅見於志磐之《佛祖統紀》，此書撰成於南宋度宗咸淳五年（西元 1269 年），距寂照來華已二百七十年矣。彼在第二十五卷〈山家教典志〉中錄載「南岳大乘止觀二卷」，其下有一段說明曰：

〔註14〕《續高僧傳》卷二五，《大正》五○，頁 666 下。
〔註15〕聖嚴法師《大乘止觀法門之研究》見《現代佛教學術叢刊》之〈天台典籍研究〉，頁 141。
〔註16〕《續高僧傳》卷二五，《大正》五○，頁 666 下。
〔註17〕牟宗三老師《佛性與般若》，頁 1079。

唐末教興，流散海外，本朝咸平三年，日本國寂照，持此本至四明，

　慈雲得之，爲作序云，初卷開止觀之解，次卷示止觀之行。〔註18〕

據此，志磐亦未以其爲僞也。

　　至於對本書義理加以思想上之考察，非但未對撰者質疑，且視之爲純圓究竟，並以天台宗義出之者之注釋書約有三家，一爲南宋宣和三年（西元1121年）智涌了然大師爲本書撰寫《大乘止觀法門宗圓記》五卷，所釋文旨，據其序云：

　　欲會天台止觀與師所説不殊故。〔註19〕

據此，則彼乃確信本書乃南岳所撰，並就師承關係確認天台止觀之源頭乃出於南岳此書。彼強調云：

　　南岳大乘止觀，於三種中屬於何種？故應答云：正屬圓頓。〔註20〕

次爲明末之智旭大師，彼撰有《大乘止觀法門釋要》四卷，彼博學多聞，對各宗義理俱有深切之了解，故雖歸宗天台，而其教學特色，仍旨在融攝諸宗之要也。其對南岳《止觀法門》一書，亦深信朱頔與遵式之序文爲實，其《釋要》自序云：

　　今試細讀，實爲圓之止觀總綱，文不繁而義已備，獨慈雲懺主五百

　年後，序而行之，迄今又將五百餘年。〔註21〕

彼不但不疑其僞，且全部據天台教義之觀點加以解釋，如釋止觀之一心，彼即云：

　　一心即指吾人現前介爾之心。〔註22〕

彼又以本書中境之三性會通《摩訶止觀》之十境，如文云：

　　染淨三性，若豎若橫，種種止觀從始至終，罔非圓極。方知智者大

　師遍立十境，備論十乘，要不出於矣。〔註23〕

至於民國則有浙江省觀宗寺諦閑大師所述之《大乘止觀述記》二十卷，據江妙煦勝觀居士序文云：

　　教傳震旦，去聖時遙，障深莫辨，夫津涯慧淺罕窺其宗趣，或徬徨於

---

〔註18〕《佛祖統紀》卷二五，《大正》四九，頁258上。

〔註19〕《大乘止觀法門宗圓記》，《卍字續藏》冊九八，頁359後下。

〔註20〕《大乘止觀法門宗圓記》，《卍字續藏》冊九八，頁425前上。

〔註21〕《大乘止觀釋要》，《卍字續藏》冊九八，頁438前上。

〔註22〕《大乘止觀釋要》，《卍字續藏》冊九八，頁441後下。

〔註23〕《大乘止觀釋要》，《卍字續藏》冊九八，頁441後上。

廣漢，或蹉跌於歧途，於是南嶽大師《大乘止觀》慨焉有作。〔註24〕
據此，則此書與《宗圓記》及《釋要》立場相同，俱視本書為南岳所親撰也，
並以天台宗義出之，彼云：

此部乃我台宗祖師所示，老僧又為台宗子孫，自應秉承家法。〔註25〕
當然，就本書義理之混雜《起信論》與《攝論》思想而言，應屬如來藏緣起
系統，能否以天台宗義出之，實在是不無問題，唯民國以來，習天台者，一
般俱以此書代表天台宗義，加以注釋者更大不乏人。諸如馮芝生先生之《天
台宗之大乘止觀法門》，〔註26〕倪清和先生之《天台思想要論》，〔註27〕彼等
講解天台義理時，俱就此書而說，實在值得商榷。蓋天台教觀完備，三大部
俱載大藏經內，若捨此而不用，專就南岳此書，終難了解天台之所以為天台
矣。

## （二）本書資料之日本記載與被疑為偽作之有關論據

有關本書之最早日本記載據聖嚴法師考證以為乃在日本奈良朝（西元708
～781 年）已有記錄，彼引《大日本古文書》九卷 14 頁；東洋文庫刊行石田
茂作之《奈良朝佛教研究》附錄；〈奈良朝現在一切經疏目錄〉二六一九號所
載云：

天平十九年八月及十一月。十七日充紙卅張，十一月廿日充六十張。

以上止觀法門料。〔註28〕
據此，則此書在日本天平十九年即中國唐玄宗天寶六年，西紀七四七年已有
記錄，換言之，此書之創作年代最晚不會在唐玄宗天寶六年以後矣。

至於最先對本書作者質疑之學者，據日人村上專精考證以為乃日本鎌倉
時代（西元 1135～1335 年）之寶地房證真，彼引證真之《玄義私記》第五卷
末所謂「文勢不似大師筆故，義勢不似餘部文故」而疑為偽作。〔註29〕

〔註24〕 《大乘止觀述記》見民國增修大藏經《大乘止觀述記》，頁 1。
〔註25〕 《大乘止觀述記》見民國增修大藏經《大乘止觀述記》，頁 3。
〔註26〕 馮芝生先生《天台宗之大乘止觀法門》見《現代佛教學術叢刊》之〈天台典
籍研究〉，頁 1 至 20。
〔註27〕 見《現代佛教學術叢刊》之〈天台學概論〉，頁 271 至 290 倪清和《天台思想
要論》。
〔註28〕 聖嚴法師《大乘止觀法門之研究》見《現代佛教學術叢刊》之〈天台典籍研
究〉，頁 128。
〔註29〕 見印海法師譯村上專精著《佛教唯心論概論》，頁 217。

繼證眞之後另一日本學者貞舜在其所著之《七帖見聞》則以爲出於「大華嚴寺曇法師述云云」。〔註30〕至於此曇法師究屬何人，則無追究，據永超《東域傳燈目錄》下卷有云：

> 大乘止觀一卷，曇遷述，未詳眞僞。〔註31〕

據此文則似是把曇法師視作北地攝論宗始祖，爲陳文帝所崇信之曇遷法師矣。唯據《續高僧傳》卷十八〈曇遷〉傳中並未列上《大乘止觀法門》之書目。關於曇遷其人傳中但云其二十一歲出家，師事曇靜，通《勝鬘經》，後赴河南地論宗教學中心地鄴，就曇道聽佛法綱要，且精研《華嚴》、《十地》、《維摩》、《楞伽》、《起信》等經論，時值眞諦之新教學興盛於江南，彼欲兼習唯識，乃於西元 577 年因北齊武帝破佛，避難金陵，遂得讀諦譯《攝大乘論》，於前講唯識不通之處，悉行貫通，遂特專心研究，歷經五載，乃成爲攝論家之學匠云云。〔註32〕

由於曇遷與眞諦時代相去不遠，又是宏通《攝論》與《起信論》之大師，故被聯想爲《止觀法門》之作者，實不足爲奇。唯據日人村上專精之意則以爲曇遷法師乃禪定寺之住僧，並未記載其住持大華嚴寺之說，並云《東域傳燈錄》另有「大乘止觀一卷，南嶽思撰」則曇遷法師所作可能是別本云云。〔註33〕據此，則吾人今日亦不易逕視此書爲曇遷所撰也。

至於村上專精本人，彼亦傾向於證眞之論調，彼以爲該書乃僞作而無疑。可能出於日人之手，以本書文章滯澀，帶有和臭，爲南岳其他著作中所無，此爲「文勢不似」也。又彼認爲南岳乃龍樹之崇拜者，唯本書卻依無着之法相──三性，解說止觀，又以《起信論》說止觀之依止，故不像南岳其他著作之風格，此則爲「義勢不似」也。彼雖不能確定爲何人所作，然卻假定爲平安朝（西元 781～1197 年）中世，出於比叡山學僧慈惠門下之手。〔註34〕

唯據聖嚴法師考證，本書在日本之最早記載，則在奈良朝，（西元 708～781 年）則村上專精之說便又難已成立矣。

至於聖嚴法師則從慧思一生所受之苦難與迫害加以推論，則以爲《大乘止觀》言性染之思想正合大師慈悲之心懷，彼雖迭遭迫害，幾死惡僧之手，

---

〔註30〕同前註。
〔註31〕《東域傳燈目錄》，《大正》五五，頁 1161 中。
〔註32〕參照《續高僧傳》卷十八，《大正》五○，頁 572 中。
〔註33〕參照村上專精著《佛教唯心論概論》，頁 218。
〔註34〕參照村上專精著《佛教唯心論概論》，頁 218 至 221。

非唯不恨不怨，反而樂予濟渡，故創性染之說，以示對末法時代之惡人寄予無窮之願望也。故以此推斷，本書即為慧思所親撰。〔註35〕

　　牟宗三老師則從組成本書之義理結構研判，亦不以為出於慧思之手。彼以為本書文字相當熟練，但輕淺，不古樸，又很有條理，系統整然，初學最易讀，但抒義多不諦當，既不合《起信論》，亦不合華嚴宗，根本處似未透徹，引經論處亦隨意滑轉，彼認為本書非出於華嚴宗之所為，以華嚴赫赫顯學，不須偽託慧思之名也，又非出於山外諸師所假冒，以此書從日本歸來前，知禮已與彼等論諍多時矣。故推論此書或出於天台、華嚴兩不屬，文字熟練而於經論義理不透者之所為，並以之融會天台與華嚴者似亦非毫無可能者云云。〔註36〕

　　總之，本書非出於慧思之手，亦大抵確定。唯究竟出於國人之偽託，抑日人所假造，則不易遽下定論。以本書韜晦海外逮五百年，於咸平中方由日僧寂照帶返推論，則本書自始即不曾流通於中國，謂成於國人之手，恐不足信，況本書早已在奈良朝時已有記錄，則云出於日人之手，亦頗順理成章。然就國人對一切思想都善於吸收融攝調和之態度看來，則謂出於國人所偽作，亦非毫無可能者。要之，本書很難認定為慧思之所作，則屬事實，此從其全部之教學思想考察，顯然易見，並無《止觀法門》之思想痕跡也。

## 三、有關慧思與智顗間師資授受之考察

　　順天台正統之師資相承說，即所謂今師相承是也。其順序是智顗師慧思，慧思師慧文，慧文師龍樹。據此，則《大乘止觀法門》一書果為慧思所撰述，則智者豈有不知之理？何以在其著作中竟無片語述及其師此書，不但如此，彼對本書所涉及之《起信論》、《攝論》等思想竟毫無忌憚之加以指摘，如此書果為慧思所撰，彼當不致對其師如此無禮也。可知彼師徒之間並無《止觀法門》之授受。

　　有關慧思與智者間之師資相承，記載於灌頂大師《摩訶止觀》內，彼云：
　　　行法華經懺，發陀羅尼，代受法師講金字般若。〔註37〕

---

〔註35〕參照聖嚴法師《大乘止觀法門之研究》見《現代佛教學術叢刊》之〈天台典籍研究〉，頁204。
〔註36〕參照牟宗三老師《佛性與般若》，頁1079、1080、1093。
〔註37〕《摩訶止觀》卷一，《大正》四六，頁1中。

荊溪湛然大師《止觀輔行傳弘決》卷第一之一疏解此三語則云：

> 行法華經懺，發陀羅尼者，習律藏已，詣大賢山，持《法華經》，宿
> 緣所重，常好禪悅，怏怏江東，無足可問，聞光州大蘇山慧思禪師，
> 遙餐風德，如飢渴矣。其地既是陳齊邊境，兵又所衝，重法輕生，
> 涉險而去。思初見，笑曰：「昔共靈山聽《法華經》，宿緣所追，今
> 復來矣。」即示普賢道場，行法華三昧，經二七日入定，照了法華。
> 將證白師，師曰：「非爾不證，非我不識。所發定者，法華三昧前方
> 便也。所發持者，初旋陀羅尼。縱令文字法師千群萬眾，尋汝之辯
> 不能窮矣。於說法人中，最為第一。」
>
> 代受法師者，即指南岳為受法師。南岳造金字《大品經》竟，自開玄
> 義，命令代講。於是，智方日月，辯類懸河。卷舒稱會，有理存焉。
>
> 惟三三昧，三觀智，用以諮審，餘並自裁，思曰：律師嘗聽賢子講耶？
> 曠曰：禪師所生，非曠子也。思曰：思亦無功，法華力耳。〔註38〕

據此，慧思與智者之關係是以《法華》為骨幹，以彼二人前生同在靈山法華
會上聽佛說《法華》也，因是宿緣，故今生相逢亦以「行法華三昧」為入手
矣。另一方面，就其稟承《般若經》之傳統，造金字《般若》，自開玄義，命
智者代講，則所謂「法付法臣，法王無事」者，師弟相承不外《法華》與《般
若》二經而已，並未以《起信論》為義理基礎之《止觀法門》相授也。

又據《景德傳燈目錄》卷二十七〈南嶽傳〉中云：

> 凡有著述，口授為章，無所刪改，撰四十二字門兩卷，無諍行兩卷，
> 釋論玄、隨自意、安樂行，次第禪要、三智觀等，五部各一卷，並
> 行於世。〔註39〕

據此，則並無《大乘止觀法門》之載錄。而荊溪記天台九師亦僅云：

> 第八諱慧思，多用隨自意安樂行。〔註40〕

據此，則慧思傳與智顗者，亦只《隨自意》、《安樂行》而已。至於《次第禪要》
或相當於智者之《釋禪波羅蜜次第法門》十二卷，此亦可謂師資相承也。至於
《三智三門》則智者《摩訶止觀》亦有三智三觀，圓融三諦之說，此本是天台
觀法之宗骨，自慧文以來，承《般若經》、《智論》、《中論》而來者，故亦可謂

---

〔註38〕 《止觀輔行傳弘決》卷第一之一，《大正》四六，頁147下至148上。
〔註39〕 《景德傳燈目錄》卷二十七，《大正》五一，頁431下。
〔註40〕 《止觀輔行傳弘決》卷第一之一，《大正》四六，頁149中。

師資相承也。至於《釋論玄》或即是「南岳造金字大品經竟，自開玄義，命令代講」一語中之「玄義」，此玄義乃就《大智度論》而言也。〔註41〕故亦可謂師資相承。至於以《起信論》真如緣起說而別成體系之《止觀法門》一書，則自始未為智者所承受，天台宗人自荊溪以至知禮，俱未提及，除較晚出之南宋智湧了然大師之《止觀宗圓記》、明末智旭大師之《止觀釋要》、與清末民初諦閑大師之《止觀述記》外，鮮有台宗大德加以講述或詮釋，此所以本書不易遽視為慧思所作也。

## 四、慧思言如來藏義之特色

就現存慧思著作考察，大師亦言如來藏，亦言自性清淨心，唯不能因此而即謂其能作《止觀法門》也。蓋慧思陳人，而言如來藏之《勝鬘夫人經》於劉宋時即已譯出，彼自不能不讀。何況《涅槃經》亦言如來藏、《華嚴經》與《法華經》俱言「秘密如來之藏」。慧思之作品自不免受其影響，故含有緣起論思想之色彩亦不足為奇。雖然如此，大師之教學精神仍不失《般若》、《法華》實相之學也。

如《諸法無諍三昧法門》卷下云

> 一切眾生具足法身藏，與佛一無異，如佛藏經中說，三十二相，八十種好，湛然清淨，眾生但以亂心惑障，六情暗濁法身不現，如鏡塵垢，面像不現。〔註42〕

同書卷上又云：

> 諸佛法身鏡亦爾，三障眾生不能見，若無淨戒禪智慧，如來藏身不可見，如金鑛中有真金，因緣不具金不現，眾生雖有如來藏，不修戒定則不見，淨戒禪智具六度，清淨法身乃顯現，淨妙真金和水銀，能塗世間種種像，如來藏金和禪定，法身神通應現往。〔註43〕

此如來藏亦名秘密藏、亦名法身藏，實乃一般經論所雅言，如晉譯《大方廣佛華嚴經·如來性起品》卷三五即云：

> 如是微密法，無量劫難聞，精進智慧者，乃聞如來藏。〔註44〕

〔註41〕 參照牟宗三老師《佛性與般若》，頁 1083。
〔註42〕 《諸法無諍三昧法門》卷下，《大正》四六，頁 698 上。
〔註43〕 《諸法無諍三昧法門》卷下，《大正》四六，頁 630 上。
〔註44〕 《大方廣佛華嚴經·如來性起品》卷三五，《大正》九，頁 631 上。

唐譯與此相當者則譯作：

> 如是微密甚深法，百千萬劫難可聞，精進智慧調伏者，乃得聞此秘
> 奧藏。〔註45〕

此言如來智慧在眾生身內，如三千大千世界經卷在一微塵內般，一切眾生俱
有如來智慧，如佛之智慧徧入一切眾生身故也。此在《大方廣佛華嚴經・十
地品》卷二七更以大摩尼寶喻，以譬喻菩提心也。彼云：

> 譬如大摩尼寶珠，有十事能與眾生一切寶物。何等為十？一、出大
> 海；二、巧匠加治；三、轉精妙；四、除垢穢；五、以火鍊治；六、
> 眾寶莊嚴；七、貫以寶縷；八、置瑠璃高柱；九、光明四照；十、
> 隨王意雨眾寶物。菩薩發菩提心寶，亦有十事，何等為十？一、初
> 發心布施離慳；（中略）十、諸佛受智識，於一切眾生能為佛事，墮
> 在佛數。〔註46〕

此言大摩尼寶從海中得來，經冶鍊而懸高柱，雨一切眾寶，就如眾生發大菩
提心，從初地以至十地而成佛之過程一樣。又此寶從大海來，還須冶鍊，但
寶之體性與德用則早已成就，如金從鑛中採出，經冶鍊而成飾物，而金性在
鑛中早已成就一樣。觀此，則上所引慧思之如來藏說，諸如《諸法無諍三昧
法門》所云：「金鑛中有真金，因緣不具金不現」及「一切眾生具足法身藏與
佛無異」之思想實與《華嚴經》所言者無以異，蓋此思想在《華嚴經》中早
已含具，則慧思當不能不受其影響也。

　　唯下列之數段引文是頗堪注意者，如《諸法無諍三昧法門》卷下云：

> 譬如清淨如意珠，雜色物裹時水則清，黃赤白黑皆隨變，珠色寂然
> 不變異，心性清淨如意珠。〔註47〕

就此段引文觀之，則慧思之如來藏似有緣起論思想之傾向，然此不足為奇，
蓋《勝鬘夫人經》早已於劉宋時譯出，慧思焉有不讀之理，則此種如來藏「染
而不染，不染而染」之思想，於行文中表現亦是平常事矣。

　　此外，《隨自意三昧法門》亦云：

> 西土云阿賴耶識，此土名為佛性，亦名自性淨藏，亦名如來藏，（中
> 略）凡夫六識，名為分張識，隨業受報，天人諸趣，菩薩轉名第七

〔註45〕《大方廣佛華嚴經》卷五二，《大正》十，頁278下。
〔註46〕《大方廣佛華嚴經・十地品》卷二七，《大正》九，頁575中。
〔註47〕《諸法無諍三昧法門》卷下，《大正》四六，頁637下。

識，能轉一切生死惡業。即是涅槃，能覺凡夫六分張識，令無變易，即是藏識。此第七識名金剛智，能破一切無明煩惱生死結使，即是佛法。譬如健將，降伏四方夷狄怨賊，諸國弇伏，皆作民子，第七健識，勇猛金剛，決斷諸法，亦復如是。〔註48〕

至於《諸法無諍三昧法門》卷下亦云：

六識爲枝條，心識爲根本，無明波浪起，隨緣生六識，六識假名字，名爲分張識，隨緣不自在，故名假名識，心識名爲動轉識。〔註49〕

據此，則慧思之如來藏義，不但受《勝鬘經》影響，亦受地論師相州南道所左右，如謂六識虛妄，七識眞淨之說，可爲明證。然而慧思之如來藏，大體仍據經，並未引及《起信論》也。以《起信》出於梁陳間，旨在調和地、攝之諍而託名馬鳴造，眞諦譯者。至此書流通之時，慧思是否及見，亦成問題，即曾見及，亦未必能如此熟練，隨心所欲，引用《起信論》與唯識學之思想，調和貫通，一如《止觀法門》所表現者。況且本書言如來藏之性染性淨說，非但與如來藏緣起論之《勝鬘經》、《起信論》不合，亦與其後之天台智者大師之言如來藏與性惡義迥然不同。就義理而言，與其說智者繼承《止觀法門》之思想，無寧說《止觀法門》之作者，襲用天台性惡之義，並以之與《起信論》思路融會，亦非無可能者。以此推之，當不能斷定本書即爲慧思所能作也。

## 五、本書之言如來藏義與《起信論》天台宗相關處之比較

關於如來藏說，《大乘止觀法門》卷第一首先說明如來藏之三義，彼文云：

何復名此心爲如來藏？答曰：有三義。一者能藏名藏；二者所藏名藏；三者能生名藏。所言能藏者，復有二種：一者如來果德法身，二者眾生性德淨心，並能包含染淨二性及染淨二事，無所妨碍，故言能藏名藏。藏體平等名之爲如，平等緣起目之爲來，此即是能藏名如來藏也。第二所藏名藏者，即此眞心而爲無明殼藏所覆藏。故名爲所藏也。藏體無異無相名之爲如。體備染淨二用，目之爲來，故言所藏名藏也。第三能生名藏者，如女胎藏能生於子，此心亦爾，體具染淨二性之用，故依染淨二種熏力，能生世間出世間法也。是故經云：如來藏者，是善不善因，又復經言，心性是一，云何能生

---

〔註48〕《隨自意三昧法門》，《卍字續藏》冊九八，頁351前上下。

〔註49〕《諸法無諍三昧法門》卷下，《大正》四六，頁640上。

種種果報，又復經言，諸佛遍知海從心想而生也，故染淨平等名之

為如，能生染淨目之為來，故言能生名如來藏也。〔註50〕

在此段文字之前後，彼更引用《勝鬘夫人經》之「言生死依如來藏，即是法身藏也」〔註51〕及《楞伽經》之「如來藏者是善不善因」〔註52〕以作為其義理支持之根據也。

　　本書之如來藏三義，大抵據世親《佛性論》而來，唯《佛性論》但言所攝藏，隱覆藏，能攝藏三義。〔註53〕本書則除能藏，所藏與之相應外，〔註54〕復別創一能生名藏以替代《佛性論》之隱覆藏也。至於此「能生名藏」，其義理支持點固然是依《楞伽經》之：

　　如來之藏，是善不善因，能遍興造一切趣生。〔註55〕

然無可否認，此種思想與《起信論》「心生滅門」中言阿賴耶識義有密切關係。如云：

　　依如來藏故有生滅心。〔註56〕

此可從其引證《起信論》之文可知。彼云：

　　不生不滅與生滅和合，說名阿賴耶識，即本識也。〔註57〕

據此，則可以顯示本書之如來藏緣起，其所抱持之立場乃是以此真妄和合之本識為中心而展開者也。

　　然而本書之言如來藏終有別於上述諸經論者，以其如來藏又別創染淨二性與染淨二事也。

　　茲先就其言如來藏之言空與不空與《起信論》所謂之「如實空」與「如實不空」作一比較，如本書言空如來藏時，乃云：

　　心體平等，妙絕染淨之相，非真心體自性平等，所起染淨等法，亦

---

〔註50〕《大乘止觀法門》，《大正》四六，頁644中。

〔註51〕同前註。

〔註52〕同前註。

〔註53〕見《佛性論》卷二，《大正》三一，頁785下至796上。

〔註54〕嚴格說此能藏所藏義亦不與之相應，蓋就《佛性論》之「所攝藏」與「能攝藏」俱是相應唯識宗阿賴耶系統而說，彼之如來藏乃自性清淨理，本身不能活動而為「頑駛真如」（參看本文第三章、第二節、第四項之二）至於《止觀法門》之如來藏乃屬真常唯心系，故取義與《佛性論》迥異。

〔註55〕《楞伽經》，《大正》十六，頁510中。

〔註56〕《大乘起信論》，《大正》三二，頁576中。

〔註57〕《大乘止觀法門》，《大正》四六，頁653下。

自性自非有。〔註58〕

此就空如理而言心之體性,故是一律平等,無有差別,此與《起信論》言「如實空」義略同,如云:

> 所言空者,從本已來,一切染法不相應故,謂離一切法差別之相,以無虛妄心念故,當知真如真性非有相,非無相,非非有相,非非無相,非有無俱相,非一相,非異相,非非一相,非非異相,非一異俱相,乃至總說,依一切眾生,以有妄心,念念分別,皆不相應,故說為空,若離妄心,實無可空故。〔註59〕

唯言「不空」義時,《止觀法門》則曰:

> 即此淨心,雖平等一味,體無差別,而復具有過恆沙數無漏性功德法,所謂自性有大智慧光明義故;真實識知義故,常樂我淨義故,如是無量無邊,性淨之法,唯是一心具有,如《起信論》廣明也。
>
> 〔註60〕

與此段引文相當之《起信論》則曰:

> 所言不空者,已顯法體空無妄故,即是真心,常恆不變,淨法滿足,則名不空。〔註61〕

此乃就真如之體性實德而言,是常樂我淨,顯示大智慧光明之淨法圓滿具足也。唯《起信論》只就如來藏真心之「不空」說明清淨功德法之具足而已,並未言及真心亦具染法也。依《起信》染法非就真心本身說,而是就「不生不滅與生滅和合,非一非異,名為阿賴耶識」〔註62〕方可言。以真心只是染法生起之憑依因,而非直接生因也。唯《止觀法門》在言淨法後,復言如來藏具染法之不空義,則是《起信論》以至其他真常唯心論著所無者,如文云:

> 初明具足染性者,此心雖復平等離相,而復具足一切染法之性,能生生死,能作生死,是故經云:心性是一,云何能生種種果報,即是能生生死。又復經言:即是法身流轉五道,說名眾生,即是能作生死。(中略)此明心體具足染性,名為不空也,次明心體具足染事者,即彼染性為染業熏,故成無明住地,及一切染法種子,依此種

〔註58〕 《大乘止觀法門》,《大正》四六,頁645中。
〔註59〕 《大乘起信論》,《大正》三二,頁567上中。
〔註60〕 《大乘止觀法門》,《大正》四六,頁646上。
〔註61〕 《大乘起信論》,《大正》三二,頁576中。
〔註62〕 《大乘起信論》,《大正》三二,頁576中。

子現種種果報，此無明及與業果即是染事也。（中略）以是義故，復
以此心爲不空也。〔註63〕

此《止觀法門》之言眞心之體，既具染淨二性，又起染淨二用，以此而言如
來藏之不空義，故與《起信論》所說者不合。蓋《起信論》但云一心（如來
藏自性清淨心）開二門，言生滅乃就阿賴耶識方可說，此乃因無明風動，而
有不覺之識念憑依眞心而起生滅妄法也。不言眞心之體體備染淨二性，起染
淨二事也。彼雖引《起信論》之「因熏習鏡」以作說明，然亦不易相應也。
如云：

是以《起信論》言，因熏習鏡，謂如實不空，一切世間境界，悉於
中現，不出、不入、不失、不壞、常住一心，以一切法即眞實性故，
以此驗之具足世間染法，亦是不空如來藏也。〔註64〕

此因熏習鏡，依《起信論》乃就眞如體之具足無漏性功德，能熏習眾生，使
其能轉迷成悟也。至其言不空之二義乃是就心眞如體之常住實有，不能空却
與智體不動，具足無漏性功德而言。就其常住實有，不能空却言，故眞心雖
遠離識念，而一切識念仍須憑依之而起，一如影像之憑依明鏡也。此明鏡非
影像之生因，但影像却須依之而現，影像雖依之而現，而明鏡亦未變爲影像
也，此即《勝鬘經》所云：

煩惱不觸心，心不觸煩惱。〔註65〕

此煩惱終究是客塵，與眞心覺體本不相應，雖不相應但亦不碍識念之憑依覺體
而起現也。總之，此染法既非由覺體生出，亦非能進於覺體之內，而一切世間
境界，却藉此憑依關係，悉於中現，而不失不壞。然須注意者，是此一切世間
境界（染法）不可視作眞心覺體之業用。依《起信》只有清淨無漏功德法方可
言覺體之業用。故其言「不出不入」亦就染法無自體而說，「不失不壞」則顯示
諸法之當體即如，就此而言「常住一心」，並就此「一心」說「不空」耳，非就
「世間境界」說不空也。是知本書雖引用《起信論》「因熏習鏡」之文，而不同
其義，此可從《起信論》言「對治邪執」一文中知其謬妄也。如云：

四者，聞修多羅說，一切世間生死染法皆依如來藏而有，一切諸法
不離眞如，以不解故，謂如來藏自體具有一切世間生死等法，云何

---

〔註63〕 《大乘止觀法門》，《大正》四六，頁646中至647中。
〔註64〕 《大乘止觀法門》，《大正》四六，頁647中。
〔註65〕 《勝鬘夫人經》，《大正》一二，頁222中。

> 對治？以如來藏從本已來，唯有過恆沙等諸淨功德，不離不斷不異
> 真如義故；以故恆沙等煩惱染法，唯是妄有，性自本無，從無始世
> 來，未曾與如來藏相應故。若如來藏體有妄法，而使證會永息妄者，
> 無有是處故。〔註66〕

據此，則如來藏自體實不緣起生死染法也，此染法實則乃是由無明識念憑依
真心而起者。《止觀法門》則直言如來藏體備染淨二性，起染淨二事，遂認此
真心有兩種性能，起兩種事用則謬矣。蓋誠如本書所言，則轉凡成聖，轉染
成淨，即不易說明矣，故雖有種種辯解，亦終難以自圓其說也。

　　或以為本書之言性染乃天台性惡說之濫觴。實則，天台之言性惡乃就法
門不改說，惡是形容法者，非形容性也。以法無自性，當體即是空如，實相，
故亦無所謂善惡也。依天台，染淨在乎主觀之迷悟，不約客觀之染淨法門說
也，故「三千在理同名無明，三千果成咸稱常樂，三千無改無明即明，三千
並常俱體俱用。」〔註67〕智者大師於《法華玄義》卷五下亦云：

> 凡夫一念，即具十界悉有惡業性相，只惡性相，即善性相，（中略）
> 遇緣成了，即能翻惡（中略），惡中有善，善成還破惡；故即惡性相
> 是善性相也。〔註68〕

此種「惡中有善，善成還破惡」之說，乃就「無住本立一切法」而言，以無
明法性兩俱無住也，故體同而相依，依而復即，所謂無明無住，無明即法性，
即是果中勝用，法性無住，法性即無明，就是三道流轉，如此全性起修，全
修在性，此清淨真心（般若智心、定心）遂在此「即於惑障之理」而現。故
異於《止觀法門》言性染之就如來藏（法性）說也。

　　雖然，天台亦言如來藏，唯此如來藏乃就中道實相理而說。如云：

> 一念心即如來藏理，如故即空，藏故即假，理故即中。〔註69〕

據此，則天台所謂「六即」中之「理即」乃是就迷就事而論，就迷者，以有
無明故，始有十法界之差別相也；就事者，以一念心即是十法界故，而十界
互具，而成百界千如三千世間法也。如此之如來藏，方可言體具一切善惡淨
穢法門也。

---

〔註66〕《大乘起信論》，《大正》三二，頁580上。

〔註67〕《十不二門》，《大正》四六，頁703下。

〔註68〕《妙法蓮華經玄義》卷五下，《大正》三三，頁743下至744上。

〔註69〕《摩訶止觀》，《大正》四六，頁10中。

　　至於本書之言不空如來藏義，大抵仍依據《楞伽》、《勝鬘》、《起信》等經論而立說，故當屬如來藏緣起系統，而其言「性染」之說，則或欲強調天台性惡之義，以便調和天台與華嚴二宗，亦即實相論與唯心論兩派之爭論亦未可知，唯無論如何，就本書之如來藏立場觀察，因唯眞心，故雖言性染之說，終不可與言實相性具說之天台學相提並論也。

# 第二節　實相學底因緣觀與緣起論諸宗之抉擇

## 一、天台智者大師之緣起觀

　　就《大乘止觀法門》之義理架構，吾人不易認定此乃慧思所能撰。唯從彼之其他著作觀察，不難發現彼深受《地論》與《勝鬘經》等如來藏緣起說之影響，雖則其思想之中心仍是《般若經》實相學，唯摻雜緣起論色彩則是事實。

　　至於天台智者大師，彼對緣起論諸宗之說，亦非毫無所知。據《續高僧傳》卷十七〈智顗傳〉所載云：

> 年十有八，投湘州果願寺沙門法緒而出家焉，緒受以十誡，導以律
> 儀，仍攝以北庭，詣慧曠律師，地面橫經，具蒙指誨。〔註70〕

另據《續高僧傳》卷十〈慧曠傳〉則云：

> 乃與宗愷、准韻諸師，俱值眞諦，受攝大乘唯識等論。〔註71〕

據此，則智顗在大蘇開悟之前，早已接觸《攝論》等緣起論學說矣。然在其現存著作中，除開爲眞諦譯《起信論》作序及在《小止觀》有引用《起信論》之文外，〔註72〕鮮有引用緣起論諸宗之說法，即使引文亦是站在實相學之立場而加以嚴厲之批判。據實言，彼與《起信論》實無多大關涉也，故《起信論》序是否出於其手亦大有疑問矣。彼雖言一念三千，然却非主張唯心論，依智者，色心應屬平等無二，故既可唯心、唯識，亦可唯色、唯香。心、佛、

---

〔註70〕《續高僧傳》卷十七，《大正》五○，頁564中。

〔註71〕《續高僧傳》卷十，《大正》五○，頁503中。

〔註72〕《修習止觀坐禪法要》中有如下之記載：「起信論云：若心馳散，即當攝來住於正念，是正念者，當知唯心，無外境界，即復此心，亦無自相，念念不可得。」，《大正》四六，頁467上。至於智顗《起信論》序一文，羅光老師不以爲僞作，並謂梁啟超之說「乃是臆測，沒有證據」。見《中國哲學思想史·魏晉隋唐佛學篇》上冊，頁517。

眾生三法俱可作爲止觀之對象，但以佛法過高，眾生法太廣，故選近要之心法而說即是止觀。此止觀雖取約心之立場，然約心並非唯心，就觀法方面而言，依天台之觀點，藏、通、別圓四教，莫不從「一念無明心」起，如《四教義》卷十二約觀心明四教云：

> 第一、約觀心明三藏教相者，即是觀一念因緣所生之心生滅相，析
> 假入空，約此觀門，起一切三藏教也。（中略）
>
> 二、約觀心明通教者，觀心因緣所生一切法，心空則一切空，是
> 爲體假入空，一切通教所明行位因果皆從此起。
>
> 三、約觀心明別教者，觀心因緣所生即假名，具足一切恆沙佛法，
> 依無明阿賴耶識，分別無量四諦，一切別教所明行位因果皆
> 從此起。
>
> 四、約觀心明圓教者，觀心因緣所生具足一切十法界，無所積聚，
> 不縱不橫，不思議中道二諦之理，一切圓教所明行位因果皆
> 從此起，如輪王頂上明珠。是則四教皆從一念無明心起，即
> 是破微塵，出三千大千世界經卷之義也。〔註73〕

據此，則四教俱由觀心因緣所生，而有四教之別者，故知智者言「一念三千」中之「一念」乃非《起信論》之唯眞心，亦非唯識宗之唯第八妄識，乃就吾人當前介爾一念無明法性心而觀即空、即假、即中之不思議境而言，故是決了阿賴耶與如來藏二系統後之「圓之一念」。故云：

> 若無心而已，介爾有心，即具三千，亦不言一心在前，一切法在後，
> 亦不言一切法在前，一心在後，例如八相遷物，物在相前，物不被
> 遷，相在物前，亦不被遷。前亦不可，後亦不可，祇物論相遷，祇
> 相遷論物。今心亦如是，若從一心生一切法者，此則是縱，若心一
> 時含一切法者，此即是橫，縱亦不可，橫亦不可。祇心是一切法，
> 一切法是心故，非縱非橫，非一非異，玄妙深絕，非識所識，非言
> 所言，所以稱爲不可思議境。〔註74〕

智者在此段引文之後更就當時地論宗人及攝論宗人之或以法性爲依持而主心具一切法之縱義，或以阿賴耶爲依持而主緣具一切法之橫義，此二者各據一端，皆非圓義故云：

---

〔註73〕《四教義》，《大正》四六，頁767下768上。
〔註74〕《摩訶止觀》卷五上，《大正》四六，頁54上。

問、心起必託緣，爲心具三千法？爲緣具？爲共具？爲離具？若心具者，心起不用緣，若緣具者，緣具不關心，若共具者，未共各無，共時安有，若離具者，既離心離緣，那忽心具？四句尚不可得。云何具三千法耶？

答：地人云：一切解惑眞妄依持法性，法性持眞妄，眞妄依法性也。攝大乘云：法性不爲惑所染，不爲眞所淨，故法性非依持，言依持，阿賴耶是也。無沒無明盛持一切種子，若從地師，則心具一切法。若從攝師，則緣具一切法，此兩師各據一邊，若法性生一切法者，法性非心非緣，非心故而心生一切法者，非緣亦故應緣生一切法，何得獨言法性是眞妄依持耶？若言法性非依持，黎耶是依持，離法性外，別有黎耶依持，則不關法性，若法性不離黎耶，黎耶依持即是法性依持，何得獨言黎耶是依持？又違經、經言：非內非外，亦非中間，亦不常自有。又違龍樹，龍樹云：諸法不自生，亦不從他生，不共不無因。（中略）云何偏據法性黎耶生一切法？當知四句求心不可得，求三千法亦不可得，（中略）言語道斷，心行處滅，故名不可思議境。大經云：生生不可說，生不生不可說，不生生不可說，不生不生不可說，即此義也。〔註75〕

此即智者批判攝論師阿賴耶依持說之「緣生一切法」與地論師法性依持說之「心生一切法」之明文。又彼所謂「法性依持」者，乃就眞常心而言，地論師相州南道之慧光系即主眞如依持說，而《起信論》之眞如心則是其後之集大成者。至於攝論師則與《攝大乘論》不同，攝論師由於混雜譯者眞諦之思想，故其黎耶是以解爲性，並非完全污染，又另立第九阿摩羅識，此即是眞如淨識，質言之，攝論師仍然趨向於唯眞心之系統，只無着，世親之唯識學方是典型之黎耶依持說，然無論如何，由此兩種依持而言生起一切法者，俱是亦縱亦橫之可思議說，故智者得據《中論》「諸法不自生」四句及《涅槃經》「生生不可說」四句破之矣。

依智者，就吾人當前一念所起之法，凡以之爲由自生、他生、共生，或無因生，即皆屬思議推求之事，而非正觀。故唯有就當下之現起而觀其非自生，非他生，非共生，非無因生，而不生。只如其所如而觀即空、即假、即

---

〔註75〕同前註上中。

中方屬不思議境之圓頓止觀也。

總之，緣起論諸宗，如主法性依持說，則有墮自生邪見之過，主黎耶生法說，則有墮他生邪見之失。〔註76〕此智者所以視唯識學乃「界外一途法門」也。意謂利益界外一類菩薩特殊方便而權說也。誠如《妙法蓮華經玄義》卷五下云：

> 若執方便，巨妨眞實，若是實者，執之又成語見，多含兒蘇，恐將天命。〔註77〕

據此，則可知此方便權說乃非究竟者，故仍須開決。所謂「決了粗因同成妙因，決諸粗果同成妙果。」〔註78〕此阿賴耶識經開決後，即攝入此「一念無明法性心」中而爲不思議妙境；眞常心經開決後，亦攝入此「一念無明法性心」中而爲不思議境。總言之，天台智者大師仍就圓說之「一念無明法性心」即具三千世間法，觀即空、即假、即中而展開其中道實相學者，故異於緣起論諸宗之唯心唯識之說亦明矣。

## 二、《止觀大意》、《金剛錍》之實相學底隨緣義與起信論眞如緣起說之簡別

天台實相學之義理架構與眞如緣起說系統有所不同，唯自智者、章安沒後，後繼無人，加上玄奘、窺基之法相唯識學極盛於前，慧能、神秀之南北禪風復興於後，遂使天台一宗，學風衰躓，唯觀道相承，危保命脈而已，迨荊溪湛然出，天台教觀始有復興之事。據《佛祖統紀》云：

> 自唐以來，傳衣鉢者，起於庾嶺，談法界，闡名相者盛於長安，是三者皆以道行卓舉，名播九重爲帝王師範，故得侈大其學，自名一家。〔註79〕

據此，則華嚴、法相、禪之三宗，可謂當時佛教界之三壁，其中爲湛然最關切者，莫如華嚴。而《起信》一書則與華嚴教學關係最爲密切。華嚴宗之法藏視之爲五教中之終教，但就其根本精神而論，則可通於頓圓三教。迨清涼

---

〔註76〕《摩訶止觀》卷第十上云：「界外以法性爲自，無明爲他，別教計阿梨耶生一切惑，緣修智慧滅此無明，能生能滅不關法性，此執他性生邪見也。」，《大正》四六，頁134上。

〔註77〕《法華玄義》卷五下，《大正》三三，頁742中。

〔註78〕同前註，頁795下。

〔註79〕《佛祖統紀》卷七，《大正》四九，頁188下至189上。

與湛然構成論諍，該書更得到最高之評價，以爲是兼圓究竟之極說，湛然處此情況下，爲欲強調天台教學之優越，對該書加以關切是理所當然之事。唯儘管其有引用《起信論》用語，無可否認仍不失實相學之性具原理，茲以《止觀大意》爲例，說明天台實相底隨緣義乃有別於《起信論》眞如緣起說者，如彼文云：

> 境爲所觀，觀爲能觀，所觀者何？謂陰界入，不出色心，色從心造，全體是心，故經云：三界無別法，唯是一心作。此之能造具諸法，若漏無漏，非漏非無漏等，若因若果，非因非果等，故經云：心佛及眾生，是三無差別。眾生理具，諸佛已成。成之與理，莫不性等。謂一一心中一切心，一一塵中一切塵，一一心中一切塵，一一塵中一切心，一一塵中一切刹，一切刹塵亦復然。諸法諸塵諸刹身，其體宛然無自性，無性本來隨物變，所以相入事恆分，故我身心刹塵遍，諸佛眾生亦復然，一一身土體恆同，何妨心佛眾生異，異故分於染淨緣，緣體本空空不空，三諦三觀三非三，三一一三無所寄，諦觀名利體復同，是故能所二非二，如是觀時名觀心性，隨緣不變故爲性，不變隨緣故爲心。〔註80〕

據此，則就觀法上之便宜而言，此書亦以「陰界入」爲入手之處，而陰界不出色心，所謂「色從心造，全體是心」，雖或有唯心論之色彩，然「唯心之言，豈唯眞心，子尚不知煩惱心遍，安能了知生死色遍，色何以遍，色即心故」，〔註81〕可知彼是以即具而言心，所謂「總在一念，別分色心」，〔註82〕此一念既是煩惱心，亦就是生死色，故心是色之心，色是心之色，一念心，心即色心，一念色，色即心色，故言唯心，亦可言唯色、唯聲、唯香、唯味、唯觸。故「總在一念」亦可總在色、聲、香、味、觸。其所以偏取一念，就心法入手者，以「但觀己心則爲易」也。〔註83〕

　　據此，則「總在一念，別分色心」一語，切不可誤解爲「理總事別」，一如宋代山外諸師所主張者。以如此解說即屬《起信論》思路，即以一念視同《起信》之眞心爲總，以隨緣而起之妄法爲別也。如此則非理具說之實相學，

---

〔註80〕《止觀大意》，《大正》四六，頁 460 中。
〔註81〕《金剛錍》，《大正》四六，頁 783 中。
〔註82〕《十不二門》，《大正》四六，頁 703 上。
〔註83〕《法華玄義》，《大正》三三，頁 696 上。

依天台一念心非就眞心而言，而是就刹那煩惱心而說，而煩惱心亦即是生死色，所謂「一念無明法性心」是也。蓋法性無住，法性即無明，此時即全體是心，既是無明心，故可從無明說一切法也。然此心同時亦是法性心，以法性顯示一切法之無明當體即是空如理也。唯非意味法性本身是心，一如《起信》之言眞如心者。依天台心自體仍是一無明煩惱之心，以心始有緣起造作故，法性本身則無緣起，故有別於《起信》之言眞如心之隨染淨緣而起染淨法也。以法性即無明，始有一切法，順此即無明之法性爲主言法性具一切法，只意味法性之即於一切法而爲法之性而已，而即於一切法，就是不離一切法，故就此即而不離而言性具也。

又此法性乃就圓之一念而見，所謂「一念心即如來藏理」，故又可就此「理即」而言理具也，故無論性具或理具，俱就迷中法性或實相理而爲「一念無明法性心」時方可說。所謂「眾生理具，諸佛已成」之「理具」乃就是迷中之理而說也。至於諸佛則已悟顯此理而爲佛矣。而「成之與理，莫不性等」，此則又與《十不二門》所說意同。彼云：

> 三千因果，俱名緣起，迷悟緣起，不離刹那，刹那性常，緣起理一，
> 一理之內而分淨穢。〔註84〕

依天台、迷則爲念具、無明具，故即於法性之三千世間法一起俱染；悟即爲智具、法性具，故即於無明三千世間法一起俱淨。言「刹那性常」者，謂此「一念無明法性心」即具三千世間法，就此法之「空如」性而言，則常住不變也；言「緣起理一」者，謂不離刹那理具之迷悟緣起，雖有染淨之殊，而其中道實相理則一也。分別在迷染（眾生）則仍只是「理即」，悟淨（諸佛）則已證顯而已。至於下文言「一一心中一切心，一一塵中一切塵」，則示一塵無虧，無非實相，圓滿無盡，圓融無碍，互具互攝而已。

又此「一念無明法性心」即具十法界之說，固是依《大品般若經》之「一切法趣空，是趣不過」之方式而來。所謂「趣不過」者，當體即是實相也。換言之，即一切法無非實相，無非終極究竟也。此十法界一體平舖，故低頭舉手無非佛道，任一法皆具足十法界之三千性相，相即相入，故不但一切法可趣一念心而唯心，亦可趣聲、色、香、味、觸，而得唯色、唯香、唯味、唯觸，此種說法與《起信論》之言一切法趣唯一眞如心迥異也。以前者屬性具說，後者乃性起說故也。說性起者，還滅時必有緣理斷九之譏，只性具說

---

〔註84〕《十不二門》，《大正》四六，頁 703 下。

方屬圓理。由於此性具說之互具互攝，故荊溪得言：

> 故我身心剎塵遍，諸佛眾生亦復然，一一身土體恆同，何妨心佛眾
> 生異。

依天台性具原理，此煩惱心遍，亦即生死色遍。十界互具，百界千如，三千世間法，無非此體遍也。關於此點，荊溪《止觀輔行》更進一步云：

> 學者縱知內心具三千法，不知我心遍彼三千，彼彼三千互遍亦爾。
> 〔註85〕

據此，則不但心具三千，且心又能遍彼三千，此能觀之心，亦是所觀之境，即空、即假、即中而成不思議境。如此，則可以言體用不二，性修不二矣。故非如《起信論》之但以真常心為體，以此心體隨染淨緣起染淨法為用也。至於相應此不思議境而修觀，則曰妙觀，此觀之與境實則是不分而分，分而不分，故是「能所為二二非二」，如此，諦境與觀智方可言「名別而體同」矣。

至於所謂「如是觀時，名觀心性」，此言「觀心性」者，意即觀剎那心法之性也。心是識心，煩惱無明心，性是法性，空如之理性，二者雖體同而相依，依而復即，然却是兩個名詞，故異於《起信論》之把真如空理納於心上，而逕視之為一真如心，並以此心隨染淨緣而起染淨法也。依天台，凡言心者必就無明、煩惱心說，以心方有緣起造作義。法性非心非緣，其本身則無所謂緣起也，故法性起而無起，任運無作，一體平舖，無非真如空理也。故云：

> 隨緣不變故為性，不變隨緣故為心。

此中「隨緣不變」「不變隨緣」二語，雖套用法藏賢首之說，然取義却有所不同。蓋賢首《大乘起信論義記》但云：

> 真如有二義。一、不變義。（指如來藏自性清淨心）二、隨緣義。（指此心能隨染淨緣而起染淨法）無明亦二義：一、無體即空義。（無明無根，性皆虛妄）二、有用成事義。（能憑依真心而起業用）此真妄中，各由初義，故成上真如門也。各由後義，成此生滅門也。〔註86〕

《起信論》亦云：

> 是心從本已來自性清淨，而有無明，為無明所染有其染心，雖有染

---

〔註85〕《止觀輔行傳弘決》卷五之二，《大正》四六，頁290上。
〔註86〕《大乘起信論義記》，《大正》四四，頁255下。

心而常恆不變，是故此義唯佛能知，所謂心性常無念，故名爲不變，

以不達一法界故，心不相應，忽然念起，名爲無明。〔註87〕

此「不染而染，染而不染」之說，賢首在《一乘教義分齊章・諸法所詮差別第九》則有如下之釋義，彼云：

不染而染者，明隨緣作諸法，染而不染者，明隨緣時，不失自性，

由初義故，俗諦得成，由後義故，眞諦復立。〔註88〕

據此，則依賢首，不變隨緣俱就如來藏自性清淨心而言，無所謂「不變名性，隨緣名心」之分別有所指也。蓋荊溪此說乃是相應性具系統下之圓說也。依荊溪，理具則不變，事造即隨緣。不但法性實相不變，三千世間法亦皆不變也，以法不出如，當體即空，即是不變；當體即諸法，即是隨緣。故異於《起信論》之以眞心爲不變，以隨緣而起之妄法則視作客塵而須去除者，依《起信》還滅時，必有「緣理斷九」之譏，故屬「別理隨緣」之說。只荊溪之隨緣義，方屬圓理。

又此「隨緣不變名性」與《金剛錍》所云之「萬法是眞如，由不變故」〔註89〕義同。蓋無明無住，隨緣而起之萬法，當體即是法性眞如也。故變而無變，差即無差，故得以「不變名性」也。此是相應《妙法蓮華經・方便品》所言之「法住法位，世間相常住」之義也。至於「不變隨緣名心」，則又同於《金剛錍》所云之「眞如是萬法，由隨緣故」〔註90〕意謂法性無住，法性當體即是萬法，而萬法趣心，皆由心造，此即不變而變，無差而差也，故得言「隨緣名心」也。此亦即《摩訶止觀》卷第五上所云之「無明法法性，生一切法」也。〔註91〕至於此「隨緣名心」之「心」亦即智者《四念處》卷四所言之「一念無明法性心」也。依天台，凡心皆就無明而起之差別事而言，故是煩惱心，非約眞常心說也。故不可因荊溪《止觀大意》套用賢首《起信論》之「隨緣不變」「不變隨緣」之話頭，遂認天台亦是唯心論者，並以《起信論》與華嚴宗之唯眞心說之思路釋之如山外所主張者皆謬。知禮於《指要鈔》已嚴詞駁斥之。〔註92〕此山外諸師之最大錯誤乃是以荊溪之「一念」約理釋之，而同於《起信論》之眞常心或「靈

〔註87〕《大乘起信論》，《大正》三二，頁 577 下。

〔註88〕《一乘教義分齊章・諸法所詮差別第九》，《大正》四五，頁 485 上。

〔註89〕《金剛錍》，《大正》四六，頁 782 下。

〔註90〕同前註。

〔註91〕《摩訶止觀》卷第五上，《大正》四六，頁 55 上。

〔註92〕參照《十不二門指要鈔》卷上，《大正》四六，頁 708 中至 709 上。

知眞性」者。故與智者與荊溪所言之「一念心即具十法界」之性具說異趣也。總之，山外諸師把「一念」釋爲「靈知眞性」即是把天台圓教降爲別教矣，故非天台宗本義，此知禮所以斥爲「違文違義」也，又斥其違《止觀大意》與《金剛錍》者，以荊溪之言隨緣與不變義，不與起信論同也。依賢首，隨緣與不變兩義俱就眞常心說也，彼以爲，眞心雖隨染淨緣而起染淨法，而其自性則不變也，雖不變而亦能隨緣而起一切法也。故異於荊溪之言「不變名性」「隨緣名心」之分別有所指也。以心方有緣起造作義，故是即理之事，就此即理之事而言心，故心是煩惱心，無明心，而非眞常心亦明矣。而山外諸師則「直指心性名理，非指事即理，（中略）亦非當處即具三千」，〔註93〕此所以知禮得斥其「雖引唯色之言，亦只曲成唯眞心爾。」〔註94〕

當然，此唯眞心說亦並非錯，只是方便權說而已，終非究竟極談也。一般而論，《起信論》唯眞心說之理論較易領悟，而天台性具之實相學說則契入較難，以天台教義根本非初學者所能把握也。〔註95〕加上唐末五代，戰亂頻繁，天台典籍，散佚殆盡，雖有吳越忠懿王之外護，齎使從高麗請回大部分天台章疏，然習天台者，久生難熟，一時亦未易契入自家義理也。故不自覺以《起信論》與華嚴宗之思路加以穿鑿比附，遂有山外諸師之異說。良由對天台文獻不熟，義理欠精，不能簡別所致也，非謂天台之實相理論如山外諸師所言，可向唯眞心之思路邁進也。

## 第三節　從實相學岐出之山外派學說及其與《起信論》天台宗之關係

### 一、山外派崛起之背景及其論諍之要點所在

天台自九祖湛然寂後，因時局動盪，教觀殘缺而進入黑暗時代。據《釋門正統》云：

> 初智者所說教迹，自安史挺亂以來，會昌籍沒之後，當時碩德，但握半珠，隱而不曜，所有法藏，多流東海。〔註96〕

〔註93〕同前註，頁709上。
〔註94〕同前註。
〔註95〕參照牟宗三老師《佛性與般若》，頁1083。
〔註96〕《釋門正統》卷二，《卍字續藏》一三〇，頁381前上下。

據此，則教迹之散失，對天台確是一嚴重之打擊。唯對不立文字之禪宗，則仍可維持其威勢於不墜，其中尤以南禪為甚，可謂一枝獨秀。佛教各派，鮮不受其影響者。如華嚴宗之清涼澄觀，即嘗學荷澤禪，並以「靈知不昧」之一心，祖述華嚴教學者也。至於圭峯宗密則更傾力於禪教一致之理想，《禪源諸詮集都序》則是申張此理想之代表作也。處此情況下之天台宗人自亦難免不受其影響者，如與天台復興機運有密切關係之德昭國師，〔註97〕本身即為一兼習天台之禪宗學者也。其弟子延壽更嘗試以禪宗之立場，著《宗鏡錄》一百卷，致力於融攝天台、華嚴、法相三宗於禪之一心上，據《佛祖統紀》云：

> 師以賢首、慈恩、天台三宗，互有同異，館其徒之知法者，博閱義海，更相質難，所以心宗之衡，以準平之。〔註98〕

而當時天台之義寂與山外派之晤恩，大抵與之同時，因此，天台教學之情勢如何，亦可推想而知矣。據《佛祖統紀》卷八〈知禮紀〉云：

> 唐之末造，天下喪亂，台宗典籍流散海東，當是時，為其學者，至有兼講華嚴以資說飾，暨宋龍興，此道尚晦。螺溪、寶雲之際，遺文復還。雖講演稍聞，而曲見之士，氣習未移，故思、清兼業於前，昭圓異議於後，齊潤以他黨而外侮，淨覺以吾子而內叛。皆是以淆亂法門，壅塞祖道。〔註99〕

據此則山外諸師所以歧出而生謬解者，此與天台久經衰微，章疏不備有關，至於寶雲之際，遺文雖已復返，唯久生難熟，終不易明，且易生曲解，輒以華嚴、《起信》思路比附，此四明知禮所以要力闢邪說，遂啓山外山家之論諍矣。

　　此二派之爭論據《十義書》所載，起因雖是針對《金光明經玄義》之廣略本問題，〔註100〕唯此乃動機而已，根本原因，乃由於山外派從天台性具說中脫出，而漸往華嚴思路接近所致也。山外派之所以如此，是因對天台圓教不了解故。是以在此次論辯中，知禮實得天台宗之本義，故屬山家，山家者乃辯論後所出現之名詞也。此乃天台宗之正統，山家之山乃就天台山而言，意指天台家門之內者也。山外者則為擯斥為天台家門以外者，以其為天台宗之外道異端也。〔註101〕

〔註97〕參閱《傳燈錄》卷二五，《大正》五一，頁407下。
〔註98〕《佛祖統紀》四三，《大正》四九，頁395上。
〔註99〕《佛祖統紀》卷八，《大正》四九，頁194上。
〔註100〕詳見《十義書》，《大正》四六，頁831中下。
〔註101〕《佛祖統紀》卷十云：「四明之學者，始指恩、清、昭、圓之學稱為山外，蓋

至於雙方論辯之文，攢結成集是名《十義書》，十義是：

> 一、不解能觀之法。二、不識所觀之心。三、不分內外二境。四、不
> 辨事理二造。五、不曉觀法之功。六、不體心法之難。七、不知觀心
> 之位。八、不會觀心之意。九、不善銷文。十、不問究理。〔註102〕

除此書外，《指要鈔》亦是針對山外諸師而發，參照此兩書，亦多少可以窺知山外之所以爲山外矣。

總之山外與山家諸師論諍之焦點，則在唯心論與實相論之歧異。質言之，乃由山外之視「介爾一念」爲「靈知眞性」而引起者，至於論諍之要點，則約有下列數端：

1. 心具論：山外派否拒色心雙具三千論，彼等以獨頭之色法不具三千，只心方具，山家則否。

2. 三法能所論：山外主心法能造，生佛所造，山家則以三法俱是能造能具，所造所具。

3. 非情佛性論：山外以獨頭之色不具三千，只心中之色方具三千，故不許無心之草木成佛，山家則主色心平等論調，主張「有心無心，同圓種智」。

4. 三千三諦論：山外主張三千唯假，彼以爲三千唯詮森羅萬象之俗目，乃屬事之有相，而空中二諦乃屬無相泯滅之理體。

5. 空中有無相論：山外主張空中無相，山家則認空中俱在法界理中，稱爲理別三千，在現象界中稱事別三千。

要之，彼等之異說，皆爲四明知禮所辯破，如《佛祖統紀》所云：

> 立陰觀妄，別理隨緣，究竟蛣蜣，理毒性惡，唯色唯心之旨，觀心
> 觀佛之談，三雙之論佛身，即具之論經體，十不二門之指要，十種
> 三法之觀心，判實判權，說修說性，凡章安、荊溪未暇結顯，諸深
> 法門，悉表而出之，以爲駕馭群雄之策，付託諸子之計。〔註103〕

據此可知四明之力闢邪說異端，並非另立新說，要皆本智顗、章安、荊溪之實相學性具原理，加以闡述弘揚而已。至其論諍之始末則可參閱《佛祖統紀》卷八〈知禮紀〉所載，〔註104〕文繁不復敍矣。以下則就山外異說摘要簡別之。

---

貶斥之辭云。」，《大正》四九，頁204下。

〔註102〕《十義書》，《大正》四六，頁832下。

〔註103〕《佛祖統紀》卷八，《大正》四九，頁194上中。

〔註104〕同前註。

## 二、山外派異說旨要及其與《起信論》天台宗之異同

山外山家之爭，表面上似乎是導因於《金光明經玄義》廣略本之真偽問題，唯就其所據之義理考察，則無可否認乃是唯心論與實相學孰優孰劣之正面論諍。代表山家者主要以四明知禮為主，至於山外派則人材輩出，晤恩、源清、洪敏、慶昭、智圓、咸潤、繼齊、宗昱、子玄、玄穎等皆其類也，至於曾為四明高足，扶助其師力闢邪說之淨覺仁岳最後亦盡背師說，是為後山外，由此可見當時山外之多矣。唯就其異說見於彼等之論著者，要之則不外下列數端，茲分別述說如下：

### （一）有關心性之異說與一念心之真妄問題

天台之言一念心乃就介爾一念說，故屬陰入之煩惱無明心，非指清淨真心也，在此等骨節裏，山外諸師最大之誤解是以「靈知真性」釋之，如宗昱《十不二門註》云：

> 釋氏之道，直示眾生心性而聞乎權實（中略），心性者，非有為，非無為，不亦有無為，非自然，非不自然，不亦自然非自然，非有情，非無情，不亦有情無情。〔註105〕

據此可知其謬誤乃在把心性連結起來而視之為一不可思議之真性或心源者。此與荊溪《止觀大意》所謂之「隨緣不變故為性，不變隨緣故為心」〔註106〕之心性分別所屬異趣。依天台，凡言心者，俱屬緣起造作義，故心是介爾一念之無明心而非真常心也。其釋「剎那性常，緣起理一」則曰：

> 一念常住之性，念念生，念念滅，良由靈知常住，鑒物不間，任運流注，法爾不停，亙古亙今，未嘗間竭。〔註107〕

依湛然，「剎那性常」者，乃就一念無明法性心即具三千法，而其如性不變而言；「緣起理一」者，則就不離剎那理具之迷悟緣起，雖有染淨之殊，而其中道實相理則一也。理，依天台乃是就迷就事而言，若解作「靈知常住」，則是華嚴宗思路而非天台性具圓說矣。

又彼解「眾生由理具三千故能感」則云：

> 起信論云，真如為內熏，此中理性無緣慈不感而感，故曰能感〔註108〕

---

〔註105〕《十不二門註》，《卍字續藏》一○○，頁71前下。

〔註106〕《止觀大意》，《大正》四六，頁460中。

〔註107〕《十不二門註》，《卍字續藏》冊一○○，頁80前下。

〔註108〕同前註，頁82後上。

據此，則明以《起信論》眞如內熏之說，比附天台之實相理也。

其解「而權而實」句，則更直言

> 理中靈知之性，雖不當權實，而能權，而能實。〔註109〕

如此，則明示此理乃靈知眞性矣。

其釋「凡所觀境，不出內外」則云：

> 九法界中，即外境也，佛法界即內境，內外合明一念方具三千之妙
> 境矣。〔註110〕

據此，則合內外之一念，即是靈知眞心，即是心源，〔註111〕此俱屬《起信》
華嚴唯眞心之論調，此所以其爲山外矣。

源清之《十不二門示珠指》則更充滿「眞如妙體」、「一念靈知」等唯心
論術語，如云：

> 欲令眾生了十法界，皆是自心清淨，知體妙圓覺性耳。夫十法界者，
> 全即一念，非謂前後相生，非謂色含內外，一一諸法當體眞如，豈
> 是能知所知，知性即體，（中略）法界唯心，一切法趣香，乃至相、
> 性、體、力、作、因緣、果報、本末究竟等，皆即法界，一一法界，
> 法即一念，眞如妙體，又此一念，體常虛寂。〔註112〕

據此，則彼雖套用天台性具原理，謂一切法趣香，乃至性相、體、力，亦只
曲成唯眞心之說耳。

彼解「色心不二門」則云：

> 觀者，一念也。一性即一念，一念靈知，性體常寂，（中略）今指一
> 念知性本來清淨。不生不滅，是眞無性，以此性令即十界色心之法，
> 故云三千宛然，是知一念三千，世間相常也。〔註113〕

據此，則彼是以一念作「理」或「性」釋，此即所謂「理總事別」，雖言色心
不二，亦只曲成唯眞心耳。其下文又云：

> 全性往趣，故云之色心也，爾雅云：之、往也，《般若》云：一切法
> 趣色，趣不過等，備如境妙，此即眞如性隨緣，《起信》眞如隨緣義
> 是也。《止觀大意》云：隨緣不變名性，不變隨緣名心，今言心即眞

---

〔註109〕同前註，頁 84 前下。
〔註110〕同前註，頁 75 後下。
〔註111〕同前註，頁 76 後上。
〔註112〕《十不二門示珠指》，《卍字續藏》冊一○○，頁 54 後下。
〔註113〕同前註，頁 64 後下。

如性不變也，之色心，即隨緣也。〔註114〕

依荊溪，「隨緣不變名性，不變隨緣名心」，取義與賢首異，非謂真心隨染淨緣起染淨法而不失自性清淨一如《起信》之所言也。應知圓理隨緣乃就「一念無明法性心」說，心是煩惱無明心，非指清淨真心也。無明無住，隨緣而起之萬法當體即是法性，此即「不變名性」也；法性無住，法性當體即是萬法，而萬法趣心，皆由心造，故言「隨緣名心」耳。

總之，山外諸師之所以釋一念爲靈知真性，蓋是因誤解荊溪「總在一念，別分色心」一語。〔註115〕遂有「理總事別」之見解。實則此「總」乃就「一念無明法性心」說，故是刹那陰入妄心，非指靈知真性也。至於所謂「別分色心」者乃是將此一念散開而言，因散開而分別說爲色、爲心而已。關於此點，四明知禮於《指要鈔》中已有詳說，彼云：

> 「雙標，總在一念，別分色心」者，若論諸法互，隨舉一法，皆得爲總，即三無差別也。今爲易成觀故，故指一念心法爲總，然此總別不可分，對理事應知，理具三千，各有總別，此兩相即，方稱妙境。〔註116〕

以下則更就山外諸師之異說而斥之爲違《法華玄義》、《止觀大意》與《金剛錍》之文，彼云：

> 前約諸法不失自體爲別，今明諸法同趣刹那爲總，終日不失，終日同趣，性具諸法，總別相收，緣起諸法，總別亦爾。非謂約事論別，以理爲總，又復應知，若事若理，皆以事中一念爲總，以眾生在事，未悟理故，以依陰心顯妙理故。問：他云：一念即一性也，一念靈知，性體常寂。又云：性即一念，謂心性靈寂，性即法身，靈即般若，寂即解脫。又云：一念真知妙體；又云：並我一念清淨靈知。據此等文，乃直指文中一念名清淨靈知，是約理解，今云屬事，是陰入法，與他所指，賒切如何？答：此師只因將此一念約理釋之，致與一家文義相違。〔註117〕

又謂山外諸師之最大謬誤乃是直指心法名理，而非指事即理，此點關係重大，

〔註114〕同前註。
〔註115〕《十不二門》，《大正》四六，頁703上。
〔註116〕《十不二門指要鈔》，《大正》四六，頁708中。
〔註117〕同前註，頁708下。

唯心說與實相學之判即在於此，此根本處不通，則對實相學底隨緣義亦不能有諦解，彼云：

> 他自引云：隨緣不變名性，不變隨緣名心。引畢乃云：今言心即眞如不變性也。（中略）既云不變隨緣名心，顯是即理之事，那得直作理釋？若云雖隨緣邊屬事，事即理故，故指心爲不變性者，佛法、生法、豈不即耶？若皆即理，何獨指心名不變性？（中略）論他直指心法名理，非指事即理，生佛二事會歸心故，方云即理，亦非當處即具三千，是知他師雖引唯色之言亦只曲成唯眞心爾。〔註118〕

總之一念心之眞妄問題是唯心說與實相學二者最大之歧異，天台實相學之最大特色是指事即理，所謂一念心即如來藏理，如故即空，藏故即假，理故即中。非偏指清淨眞如理也，此點不通，則雖引天台性具說底唯色之言，亦只曲成唯眞心說而已矣。

### （二）心具論 ── 獨頭之色法不具三千說

山外諸師異說之另一特色，就是主張三千唯心說，至於獨頭之色法則不具三千，如智圓之《金剛錍顯性錄》云：

> 當知一家所立有情心具三千，該收依正者，深窮佛旨也，學斯教者，既昧厥旨，但見唯色，唯香及色外無法等言，不了色心體一，便謂草木國土自具三千，殊不求文始末之意。〔註119〕

據此，則是以心爲中心，統攝一切，此三千乃心之三千，故云：「色心體一」，故主張獨頭之色法不具三千。如此，所謂色心不二，亦只曲成唯眞心說耳。

《維摩詰經略疏垂裕記》卷七亦云：

> 所言理者，十界之理，同在一心，不一不多，不無不有，十即是百，百即是千，千即三千，而空、假、中、故空假中咸名理法。〔註120〕

據此，則三千之理同在一心，心性乃一切法存有之根據，明顯表示唯心色彩。慶昭，另一部大作《辨訛》亦是強調此義。此書雖已散佚，唯從《十義書》所引，亦可見端倪，如云：

> 故《辨訛》云：彼止觀不思議境，初本欲觀十界依正之法，所以唯觀心者，心爲諸法之本故也。（中略）又云：止觀，初心遍觀十界依

〔註118〕同前註，頁 709 上。
〔註119〕《金剛錍顯性錄》，《卍字續藏》冊一〇〇，頁 256 前下。
〔註120〕《維摩詰經略疏垂裕記》卷七，《大正》三八，頁 807 下。

> 正三千之法，三千之內豈無色耶？〔註121〕

據此，即知彼不諳理具事造之義，是以固執心具三千之說為本，不許色具三千，如此則與天台實相學言色心不二遍攝圓融之理異趣，關於此點，荊溪在《金剛錍》論述無情有性時即已強調此天台性具說之一體平舖，圓融互攝，無虧於一塵之意念，奈何山外諸師不契耳。如《金錍》言「遍攝」義云：

> 子尚不知煩惱心遍，安能了知生死色遍，色何以遍，色即心故
>
> 〔註122〕

此乃即具而言心，心既是煩惱心，也就是生死色，故心是色之心，色是心之色，由色心不二方可言依報不二與無情有性，草木成佛也。彼云：

> 只是一一有情心遍性遍，心具性具，猶如虛空，彼彼無碍，彼彼各遍，身土因果，無所增減。故《法華》云：世間相常。世間之言凡聖因果，依正攝盡。〔註123〕

據此，則由色心不二，故得言成佛時之依正不二也。所謂依正不二者，即佛心身之正報，與其所在之山河大地之依報，實不宜作分別之殊見也。如此，依正不二，故可言無情有性，草木成佛矣。其後四明知禮言「究竟蛣蜣」，俱是此義，要皆在闡明天台性具原理之遍攝圓融之意。總之，天台言色心不二，依正不二，心遍、色遍、性遍、三德體遍，俱是展轉申明此實相學性具原理而已，而山外諸師，依唯心說之理路，堅持獨頭色法不具三千，如此，則天台所言色心不二便成徒施，圓頓之理亦甭談矣。

### （三）理毒非性惡說

《觀音玄義記》卷二云：

> 只一具字彌顯今宗，以性具善，諸師亦知，具惡緣了，他師莫測。
>
> 〔註124〕

據此，可知性惡說亦即性具說，乃實相學底圓融遍攝之義，此固異於《起信論》、華嚴宗之偏指清淨真心，但言「性起唯淨」之說也。山外智圓之《垂裕記》即是此種思路。彼云：

> 修惡已盡，但性惡在，此惡即善，如云鏡明具醜像性，豈令明亦醜

〔註121〕《十義書》，《大正》四六，頁841下。

〔註122〕《金剛錍》，《大正》四六，頁783中。

〔註123〕同前註，頁784中下。

〔註124〕《觀音玄義記》，《大正》三四，頁905上。

耶？〔註125〕

據此，即是以唯心論立場解釋天台之性惡義，其謂性惡即是善，無異禪宗慧可所謂：「本無煩惱，元是菩提」或「本無惡，元是善」之論調，依天台，既不能全修惡即性惡，故皆即義不成，偏指清淨真如，焉得爲妙？且有緣理斷九之譏。〔註126〕

　　彼另有《闡義鈔》解釋〈請觀音疏〉，於中發明消伏三用。據知禮在〈對闡義鈔辨三用十九問〉中所引述如下：

　　　或謂性惡是理毒者，毒義雖成，消義全闕，若無消義，安稱用耶？

　　　若云有者應破性惡。〔註127〕

據此，可知彼是主張理毒非是性惡者。知禮則針對智圓之論調，在〈對闡義鈔辨三用十九問〉中作如下之反詰，彼云：

　　　一家圓談，若許理毒即性惡義，那得復云：消義全闕？若爾，荊溪何故云：「忽都未聞性惡之名，安能信有性德之行」耶？然不知理毒即性惡者，何異「都不聞」耶？縱許理毒爲性惡已，那又責云：「消義全闕」？此乃雖聞，而不解矣。且荊溪之意唯恐不聞性惡，則無性德之行，今何及此耶？如斯述作，莫成壞己宗否？莫成瞖人眼目否？若謂不然，恭請三復斯文，採賾大旨，細爲答釋。〔註128〕

智圓之所以有此疑，乃因其以唯心論立場闡釋理毒也。彼以爲逢虎狼刀劍時，稱名誦咒，乃事之消伏，修一心三觀，破五住煩惱，乃行之消伏，至釋理毒，則云：

　　　諸法唯心，染體悉淨，即神咒治理性之毒。〔註129〕

所謂「染體悉淨」者，意指眞常心也。此心爲無明所染，而生諸法，即成理性眞心之毒，唯其理性眞心自體則本自清淨，換言之，具惑之理性方可言毒，其理性自體則非意味有毒也。依智圓，此「惑」之本身，亦無自體，性皆虛妄，故能爲理性眞心所治所斷。既有能治所治，能斷所斷，則毒害（惑）與消伏（智）俱受行名，故鈔云：

　　　約行是約智斷，智即能斷，斷即所斷，五住斷處名消行毒，謂異理

〔註125〕《維摩詰經略疏垂裕記》卷二，《大正》三八，頁740上。
〔註126〕參照《十不二門指要鈔》卷上，《大正》四六，頁707上中。
〔註127〕《四明尊者教行錄》卷第二，《大正》四六，頁873下。
〔註128〕同前註。
〔註129〕同前註，頁873中。

毒。〔註130〕

據此，則修必不即性，眾生但有後天之緣修之惡，而無本具之性惡，此即是《起信論》華嚴宗「性起唯淨」與「緣理斷九」之思路，非圓說也。

依知禮，則以為理毒即是性惡。以有性惡，方有性德之行也。故荊溪云：「忽都未聞性惡之名，安能信有性德之行？」此性德之行，依知禮之解釋即是理消伏，故理毒即是性惡，彼在〈釋請觀音疏中消伏三用〉對「性德之行」有如下之說明，彼云：

> 若圓頓教，則見思王數，乃即性之毒，毒既即性，故只以此毒為能消伏，既以毒為能消，則當處絕對，誰云能破，所破？有何能緣所緣？毒害即中，諸法趣毒。〔註131〕

所謂「毒既即性，故只以此毒為能消伏」，此即所謂「修性不二」之理消伏也。又此毒害如能觀達通之，則「毒害即中」，「當處絕對」矣。如此「一色一香無非中道」，「通達惡際即是實際」，如非「一心三觀」，即空、即假、即中，焉能致此？故此能消伏者，仍在止觀也。

總之，「當處絕對」，即是「毒害即中」。所消伏之毒，即是能消伏之用。「法性無住，法性即無明」，當體即是理毒性惡為所消伏。「無明無住，無明即法性」，當體即是理消伏，為能消伏。此乃因無明法性體同而相依，依而復即，故「理毒性惡」本身既是能亦是所，是體也是用。「三千在理，同名無明」此即是體；「三千果成，咸稱常樂」此即為用。如此，方可言「體用不二」，「性修不二」，若依智圓，則只能曲成唯真心之說。如《起信論》所言之以真心為體，以真心隨緣為用，必有「緣理斷九」之譏。苟知「理毒性惡」即是「三千在理」，方能全性起修，成「性德之行」矣。

### （四）反對別理隨緣說

據〈法智遺編別理隨緣十門析難書〉云：

> 四明法師嘗於《指要鈔》中立別教真如有隨緣義，山家學徒，罔不傳習，時有永嘉繼齊（立《指濫》）嘉禾子玄（立《隨緣撲》），天台元穎（立《隨緣徵決》）洎當途繼祖云者，廣構篇章，難茲名義。〔註132〕

據此，則可見當時山外諸師對知禮《指要鈔》立「別理隨緣」義，深表不滿，

〔註130〕同前註，頁873下。
〔註131〕同前註，頁872下。
〔註132〕《十門析難書》，《卍字續藏》冊九五，頁407前下。

並各著論，加以反對。論旨不外謂天台所認之別教乃限於唯識宗之「凝然眞如」而已。至於藏疏（指法藏《大乘起信論義記》）所示之眞如緣起說乃屬圓教而非別教。唯彼等著論，多已散佚，只能就仁岳《十門析難書》中所引，略窺其說而已。

如「標名立義門」引繼齊文曰：

> 隨緣之名，對乎不變，不變之稱，對乎隨緣，反覆相成，如波水矣。
> 而言別理有隨緣義者，此之隨緣爲有不變義否？果有也，即邊而中，
> 豈是別義，果無也，名不孤立，安稱隨緣。〔註133〕

彼以爲別理乃限於法相宗之「凝然眞如」，只具不變之理，而無隨緣之義。而不知《起信論》之眞如乃是如理與心之結合而爲眞常心，故可隨染淨緣而起染淨法也。依天台，此仍屬別理，以其還滅必須「緣理斷九」也。

又引元穎曰：

> 別教但理，體既不融，如何得有覺照之義。〔註134〕

又云：

> 《起信論》云：眞如門中有不變隨緣，生滅門中有體空成事，又云：
> 此即實教，非權教所談也。〔註135〕

依元穎，則別教唯屬法相宗，而以《起信論》爲圓實教也。

在「簡別示圓門」中又引元穎語曰：

> 若云除無明有差別，不隨緣時，理體自有三千差別法者，《釋籤》云：
> 理本無差，差約事用。如何銷會？《妙樂》云：地具桃李等義乃是
> 權實，體用互即說，且不云除無明有差別，離隨緣之用，體自差別，
> 又荊溪云：三千不改，無明即明，如何却云除無明有差別耶？〔註136〕

彼以爲除無明即無差別者，乃是以《起信論》之觀點而言，依《起信》，所謂忽然念起而有無明，憑依眞心而有差別之相，離無明即無差別。依天台，此正是「合」義，而非「即」義，故還滅時必斷九界法，而歸於一佛界，此即是緣理斷九。圓教則言無明與法性體同而相依，依而復即，悟則爲淨三千，迷則爲染三千，迷悟有殊，而三千無改。此亦即「除病不除法」之意，焉得

---

〔註133〕《析難書》，《續藏》九五，頁407後上。
〔註134〕《析難書》，《續藏》九五，頁408前上。
〔註135〕《析難書》，《續藏》九五，頁408後上。
〔註136〕《析難書》，《續藏》九五，頁409前上。

謂除無明即無差別耶？

在「具變性殊門」又引子玄語曰：

> 《指要》引荊溪記云：以別教無性德九等，故判隨緣是別教者。《起
> 信》有具性德之言，何以却云屬別教，若言圓教，性德染淨俱有，《起
> 信》性德唯是於淨，故不同者，反顯圓教所詮正是離義，以此性德
> 染淨別故，如荊溪說，染淨不二，若何領悟？〔註137〕

此謂《起信論》之隨緣雖被說為別教，但該論亦言性具。唯圓教言染淨性具，
《起信論》則只說淨之性具，如此，則圓教反而墮於染淨之分，與湛然《十
不二門》染淨不二思想相互矛盾矣。實則《起信論》乃屬「性起唯淨」之真
常唯心系統，染法唯屬所斷，無明與法性體別而不相即，如此性相不融，焉
得稱具，依天台，言「具」必就性惡說也，故四明曰：

> 只一具字彌顯今宗，以性具善，諸師亦知，具惡緣了，他師莫測，
> 故《摩訶止觀》明性三千，《妙玄》、《文句》旨示千法，徹乎修性，
> 其文既廣，且義難彰，是故此中，略談善惡，明性本具，不可改易，
> 名言既略，學者易尋，若知善惡皆是性具，性無不融，則十界，百
> 界，一千三千。〔註138〕

據此，則可知性具性惡之說，乃一家教學之特色，與他宗異趣，焉得謂《起
信論》「性起唯淨」而判為圓耶！

在「真妄生法門」中則引繼齊語曰：

> 藏疏云：唯識宗中說真如無知無覺，凝然不變，不許隨緣，但說八
> 識生滅，縱轉成四智，亦唯是有為，不得即理，請觀不許隨緣之文，
> 不得即理之說豈不近於今家別教乎？〔註139〕

此則只知唯識宗之真如凝然，無隨緣義之別教，而不了《起信論》之真如，
即使有隨緣義仍屬別理也。

在「比他宗教門」又引繼齊語曰：

> 夫諸宗各自判教者，由乎所見不同，故盈縮有異，安得以今四教分
> 齊，收彼五教，祇如真如隨緣之說，圓旨燦然，豈別義乎？〔註140〕

〔註137〕《析難書》，《續藏》九五，頁412前上。
〔註138〕《觀音玄義記》卷二中，《大正》三四，頁905上。
〔註139〕《析難書》，《續藏》九五，頁413後上。
〔註140〕《析難書》，《卍字續藏》冊九五，頁414後上。

依繼齊，則認以天台之四教統攝華嚴之五教，乃不可能之事，並強調《起信論》之圓教義，皆是「擠陷本宗，齊彼終教」之見也。

又引子玄語曰：

　　《指要》云：他宗談圓，祇云性起，不云性具者，奚堪人聞，既說性起，便知性具，如遠見煙，必知有火。〔註141〕

依子玄則以為性起必含性具，實則，即使言性起仍屬別教也。以一理隨緣作九，全無明功，故還滅時，必斷九界穢法，而歸佛界清淨，以性不具九法界故也。至於圓教則言三千隨緣一法不斷也。

在「止世人情門」引繼齊詰難曰：

　　《指要》乃斥予稟法師所立之義耳，予所嘗立問於後學云，別教真如不隨緣，《起信》真如能隨緣，未審《起信》為別為圓？若別，文且相違，若圓乖彼藏疏，此乃予師深病，後學不知，所以輒將今家四教對彼宗之五教，既見藏疏判《起信》正唯終教，亦兼於頓，乃謂與別教相符，遂將《起信》以為別教，蓋不知宗師判教之意也。〔註142〕

又引子玄語曰：

　　近有稟山家教者，不自務本，而強攀馬鳴宗教，謂無圓極之說，將他真如隨緣，成諸法義曲作道理，抑入自宗偏漸門內，便立別理有隨緣義，意破馬鳴，說不臻極。〔註143〕

又云：

　　天台別理立隨緣之名而鯨吞《起信》之義。〔註144〕

此則以《起信》為純圓究極，並以山家視《起信論》為別教，且以天台四教攝之，不免有鯨吞《起信》之嫌也。

　　如上所舉之繼齊、子玄、元穎，俱是以《起信論》之立場解釋性具說。此種唯心論思想自晤恩以來，山外諸師即如此主張，但如繼齊、子玄、元穎等如此靈骨為《起信論》辯護，則無異於為華嚴宗辯護，揚他宗而賤自宗，其所以為「山外」，不亦宜乎！此淨覺在《別理隨緣十門析難書》中亦不免有如下之嘆矣，彼云：

〔註141〕同前註，頁414後下。
〔註142〕同前註，頁415前上下。
〔註143〕同前註，頁415前下。
〔註144〕同前註。

> 藏師所立教類有五，眞如隨緣者，正唯終教也。今人乃以彼之終教，
> 齊今圓教，致使千如妙法，翻爲生滅之談，一性靈知，全同頑騃之
> 說，既茲大損，焉敢無辭。〔註145〕

據此，則四明知禮，淨覺仁岳等所以要立說辯破山外諸師之異端者，一方固顯示天台性具說之優越，同時亦顯示實相論與唯心說兩種立場之根本不同，不可混淆也。

### （五）空中有無相論——生身尊特之異說

四明知禮嘗撰《觀無量壽經疏妙宗鈔》六卷，強調阿彌陀佛之八萬四千相生身即報身之尊特相，此種「生身尊特」之思想，原是天台性具原理實相學底一體平舖，圓融遍攝，色心不二，依報不二理論下之必然結果，唯身爲知禮門下高足之淨覺仁岳，晚年亦不免受《起信論》華嚴宗思想之左右，故主張空中無相論，相必屬應。是以反對知禮《妙宗鈔》之說法，甚至盡背師說，退出四明，而爲後山外，彼之異解，見於《十諫書》，如云：

> 法身無相，相必屬應，應有權實，相有優降，應染淨同居，正用生
> 身，應方便實報，正用尊特，圓人了知，只一法體，起二應用，用
> 即體故，一相巨得，體即用故，諸相宛然，大師尚說蛣蜣名相，至
> 於究竟，何緣定改生身名相，須是尊特名相耶？常無常用，二鳥雙
> 遊，如何分別耶？〔註146〕

又此次論諍，表面上乃以觀《無量壽經》阿彌陀佛相好爲題，但是本質上則是以《法華經》主釋迦生身三十二相與《華嚴經》主毘盧遮那佛十蓮華藏世界海微塵數相好之優劣問題爲中心，從而比較天台與華嚴兩家教學之高下而發。依知禮，《妙宗鈔》第二，詳述法、報、應之三身，應在同體三法之關係上加以理解。如示色是應身，所證名爲法身，能證名爲報身，此三身與三德、三佛性，俱屬非縱非橫，同居土，有餘土，實報土，寂光土之四土，更是互具互即。然而仁岳卻持異義，拘泥於相之大小優劣，不可混亂，法身雖是無相，而應相則有大小，上下之分，應於染淨之同居土，是生身，應於方便土，實報土則屬尊特報身。仁岳之謬誤，乃是基於性與相之分別。彼以爲在三諦中，空中唯理，三千唯假，故而將三身說爲性相差別也。如此，生身不即於尊特，則是無視十界互具，百界千如之天台性具原理，而趨向於華嚴宗唯眞

---

〔註145〕同前註，頁414後上。

〔註146〕《十諫書》，《卍字續藏》九五，頁383前上。

心之思路矣。

依知禮，生身即尊特，此乃無常即常，生死即涅槃之意。而仁岳《十諫書》卻云：「何緣定改生身名相，須是尊特名相耶？常無常用，二鳥雙遊，如何分別耶？」，則顯然易見，但取分別而說，失二用相即之意矣。

稽諸《涅槃經》二鳥雙遊之喻，本爲明二用相即，如章安灌頂《涅槃經疏》卷十二〈鳥喻品〉云：

> 生死具常、無常，涅槃亦爾，在下在高，雙遊並息。即事而理，即理而事。二諦即中，中即二諦，非二中而二中，是則雙遊義成，雌雄亦成，事理雙遊，其義既成，名字、觀行，乃至究竟，雙遊皆成。
>
> 横豎具足，無有缺減。〔註147〕

此所謂「生死具常、無常，涅槃亦爾，在下在高，雙遊並息」者，旨在明生死即涅槃耳。而生死涅槃之不分而分，乃視乎迷悟，諸佛在悟，故所得涅槃爲高，眾生在迷，故流轉生死爲下。然三道（惑、業、苦）即三德（法身、般若智德、解脫斷德），生死即涅槃，諸佛所證之果，三德玄妙之理，非有他哉，全指眾生生死當體而已。以法性無明體同而相即故，悟則見法性顯三德，迷則處生死現三道，此二用體同，本無差別，而有高下者，視乎主觀之迷悟而已，迷即染，悟則淨，客觀之善惡淨穢法門則無一可改也。而仁岳之所以有此謬解，乃因其於三諦之中，但認空中唯理，三千唯假，故有性相不融之三身分別也。依天台，如可觀《山家義苑》所引荊溪《淨名記》云：

> 三千世間皆名非道，所示癡愛不離空中，明暗理同，方名佛道〔註148〕

據此，則苟能通達其即空、即假、即中之理，則三千非道即是佛道。以非道但就識念三千而言，苟能通達識念之執，惡際即是實際，如此三千實相無非佛道也。豈以三千爲所破之「無常之事」！但提空中爲佛道耶！此謬誤在偏指眞心爲空中佛道，而以事造三千爲隨緣起現之俗諦。此即爲《起信》華嚴之別教思路，非圓說也。依天台、生身即尊特，方得「二鳥雙遊」之意，如此則雙遊而遍一切法，無非事理三諦，一體相即，互具互收，故能證成生身尊特，一體相即也。

## （六）非情佛性論——究竟蛣蜣之異解

除了「生身尊特」外，《妙宗鈔》還提出了「究竟蛣蜣」之問題，依知禮

---

〔註147〕《涅槃經疏‧鳥喻品》，《大正》三八，頁110下。
〔註148〕《山家義苑》，《卍字續藏》一〇一，頁178前下。

此是以天台「六即」義說蛣蜣微劣之物耳，此與荊溪《金剛錍》言「無情有性」旨趣相同，以圓人修證了具十界三千之法，若六即只限佛言，不及微劣之物，則非能了圓具法界之全體也。而蛣蜣六即，正約事用，要之事全理具，方可言即也，關於此點，淨覺仁岳却持異解。

此淨覺異說，散見於《義學‧雜篇》之中，惜今已散佚無存，唯見於南宋印宗《北峯教義‧判六即》文中之所引述，彼云：

> 淨覺異見〈雜篇〉有三節，初分對名義，謂空、中之理同故即也，即假之事異故六也，假事爲能即，空中之理爲所即。（中略）二、揀判即具，謂「即」約事理體一，「具」約體備萬德。（中略）三、微辯蛣蜣。先徵問：他云：「一家明理，即具三千，乃至蛣蜣蝮蕫，皆須六即，辨其先後。」是義然乎？」答：何謂其然也，是大不然也。六即之名本爲揀濫，蛣蜣蝮蕫，畜趣微物，迷逆之號，固無叨濫，何用六即，良爲他見涅槃四分，立此六即。〔註149〕

所謂「理同故即，事異故六」，依天台則以爲同一三千，就「具」而言，曰理性三千，就變現而言，則曰事造三千，而事造本乎理具，則作而無作，如此，則事造三千亦即理性三千之任運而現矣。三千法體無改，就此無改而言「理同」，就此理同而言「即」，此理三千與事三千相即，實亦只是同一性德之三千而已。如此，自理三千而言性，自事三千而言修，故是性亦是修，是修亦是性。此之謂「性修不二」，自理三千而言體，自事三千而言用，如此體用相即，亦不二也。

至於「六即」之「六」乃就修行者主觀工夫之差別事而言，與客觀之法體無涉也。以「情智高下，修證有差」，故有「六即」之判，此即是「事異故六」也。雖有修證工夫差異之事，以事造三千本即同於理具三千，故雖有差異，仍可說即，此即爲「理同故即」也，若如淨覺所言，以清淨心爲體，以隨緣爲用，就眞心之即空、即中爲理，爲眞諦，爲所即；隨緣而起之差別事爲假名，爲俗諦，爲能即，於三諦中妄分事理、眞俗，如此即是亦縱亦橫，非是三諦圓融，三德圓伊之圓教正觀矣。

實則知禮《妙宗鈔》所言「究竟蛣蜣」亦只是荊溪《金剛錍》「無情有性」一義之引申而已。依天台，由色心不二而言依正不二，所謂依正不二者，即佛心身之正報，與其所在之山河大地之依報，實不宜作分別之殊見也。以圓

---

教言性具十界、三乘、六道，一切假實依正、色心，無非爲理性所具，爲理性所遍攝也。故始自「理即」，終至「究竟」而言，雖迷悟有殊，要皆即理之法也。既言性具十界，則地獄色心亦無非性具也，既言「六即」，則蚊蝱名相亦必至究竟矣。關於此點，南宋四明沙門，栢庭善月之《山家緒餘集》卷中，有如下之疏解。彼云：

> 一家圓說，不以十界而分迷悟，乃約情智論之，所以迷則俱迷，十界三千俱迷也，悟則俱悟，十界三千皆悟也。尅論此法界，且有定迷，定悟乎哉？由是言之，迷悟在人，而此法未嘗迷，未嘗悟也。既無迷悟，則無染淨，無染淨故，一性平等。平等故遍攝，遍攝故無礙，無礙則融，融則妙，妙則離四句，絕百非，言語道斷，心行處滅，此究竟蚊蝱之說，於是所以得也。〔註150〕

此就「一性平等，平等故遍攝」而言「蚊蝱究竟」義，故是圓教下性具說與性惡說之極談也。此九界穢惡法無一可捨，而佛即於九界而成佛，故阿鼻依正，全處聖之自心，三因佛性必皆遍滿於一切。於是一切草木瓦石、微劣之物如蚊蝱者亦因佛三因遍滿時一體呈現。當然，此呈現，非意味微劣之物，俱能實踐地自覺修證而成佛也。唯就三因佛性之無不涵攝而言，則三因滿現，亦必遍及一切，而同登一真法界耳。此是性具說之常談，亦是性惡論之極說。雖然如此，究竟之蚊蝱，畢竟仍非是佛，而只是佛界中不斷之性惡而已。故仁岳反對「究竟蚊蝱」，亦無異反對天台性具性惡說之實相學，其結果必歸於《起信論》與華嚴宗真常唯心之思路，此所以四明知禮要辨破之也。

　　總之，淨覺自退出四明之後，即盡背師說，傾向於《起信論》華嚴宗唯真心說之思路。並謂天台之性具說乃同於華嚴之心造義。遂有融合性具說與性起說爲一之意圖，如彼在《十不二門文心解》中云：

> 今有傳山門之教者，確執具義，彈射華嚴，起信宗師謂無圓滿之解者，一何傷乎！況彼宗法性，圓融具德，真如隨緣即義漯然，但未如天台，委示理具善惡之性，抑同別教，殊昧通方。〔註151〕

據此，可知仁岳對《起信》，華嚴真如隨緣說，極之稱許，其謂「殊昧通方」，則顯示彼乃站於極相順之立場，旨在融合，然如此一來，天台實相學之特色，亦必喪失殆盡矣。

---

〔註150〕《山家緒餘集》，《卍字續藏》一○一，頁261前下。
〔註151〕《十不二門文心解》，《卍字續藏》一○○，頁100前下後上。

## 三、回應山外諸師之異說──《指要鈔》之精簡別圓

《十不二門指要鈔》乃四明知禮於北宋眞宗景德元年所撰述。此書雖較《十義書》早出二年，然亦是辯論後成熟之作也。鈔中之「他」則隱指慶昭，智圓等山外諸師而言。彼等之錯誤在以《起信論》唯眞心說疏釋天台，並以別理不隨緣而強調《起信》終圓究竟之說，此即是「擠陷本宗圓頓之談，齊彼終教。」故「四明從而闢之，以彼大乘終教隨緣正同今家別義。」此即所謂「別理隨緣」說也。又鑒於「山外之宗，不曉止觀觀境之旨，却以一念爲眞心，不立陰境。」故「特立陰妄而爲所觀」也。〔註 152〕

### （一）別理隨緣──明《起信論》別教之地位

《十不二門指要鈔詳解》第三云：

> 法智以前，及同時人，皆昧荊溪之意，只知圓教隨緣，則抑今之圓，同彼之終教，唯我法智，深究荊溪之意，酌量其意，中興教門，特於教門，顯立隨緣之說。〔註 153〕

此即《指要鈔》所以立「別理隨緣」等以反駁之也。遵式爲知禮《指要鈔》作序亦云：

> 教門權實，今時同昧者，於茲判矣，別理隨緣其類也。觀道所託，連代共迷者，於茲見矣。《指要》所以其立也。〔註 154〕

此「別理隨緣」所以爲本書所強調也。知禮亦自言：

> 世人見子立教理有隨緣義，惑耳驚心。蓋由不能深究荊溪之意也。
> 〔註 155〕

實則，此「別理隨緣」說，乃智者本有之義，荊溪之所已言，知禮亦只是祖述而已。

又《指要鈔》有關精簡別圓之文，見於「因果不二門」中，彼以爲別教與圓教俱有隨緣之義，但「即不即異，而分教殊」〔註 156〕故首言「即」義，彼云：

> 夫體用之名，本「相即」之義故，凡言諸法即理，全用即體，方可

---

〔註 152〕以上引文參照宋法登《議中興教觀》，《卍字續藏》冊一○一，頁 204 後上。
〔註 153〕《指要鈔詳解》第三，《卍字續藏》一○一，頁 214 後下至 215 前上。
〔註 154〕《十不二門指要鈔》，《大正》四六，頁 705 上。
〔註 155〕《十不二門指要鈔》，《大正》四六，頁 715 下。
〔註 156〕《法華文句記》卷第一下，《大正》三四，頁 171 中。

言即。〔註157〕

此言由體用不二，方可言即也，並就此義批判別教之隨緣說，乃非「即」義，而是「合」義。彼云：

> 他宗明一理隨緣作差別法，差別是無明之相，淳一是眞如之相，隨緣時則有差別，不隨緣時則無差別，故知一性與無明合，方有差別，正是合義，非體不二，以除無明，無差別故。〔註158〕

據此則知別教無明與法性乃「體別」而不「相即」，只圓教方有「即」義也。故云：

> 今家明三千之體，隨緣起三千之用，三千宛爾，故差別法與體不二，以除無明，有差別故。驗他宗明「即」，「即」義不成。以彼佛果，唯一眞如，須破九界差別，歸佛界一性故。〔註159〕

由於別教不具九界差別之法，（差別法乃因無明之介入而引起者），故還滅時，必須斷九界差別之法，而歸於佛界一性也。

故繼云：

> 應知不談理具，單說眞如隨緣，仍是離義，故《第一記》云：「以別教中無性德九故，自他俱斷九也。」若三千世間是性德者，九界無所破，即佛法故，即義方成，圓理始顯。故《金錍》云：「變義唯二，即是唯圓。」故知具變雙明，方名即是，若隨闕一，皆非圓極。〔註160〕

又云：

> 隨緣仍未即者，爲非理具隨緣故也。〔註161〕

又云：

> 故知若不談體具者，隨緣與不隨緣皆屬別教，何者？如云賴耶生一切法，或云法性生一切法，豈非別教有二義邪？〔註162〕

據此，則隨緣而不即者，以非體具，故仍屬別教。非只限唯識宗之「凝然眞如」，無隨緣義而爲別教也。唯山外諸師不解荊溪此意，遂認唯識宗爲別教，

---

〔註157〕《十不二門指要鈔》，《大正》四六，頁715中。

〔註158〕同前註。

〔註159〕同前註。

〔註160〕同前註。

〔註161〕《十不二門指要鈔》，《大正》四六，頁715下。

〔註162〕同前註。

而以《起信論》具隨緣不變義者為圓教，故知禮得以「不談體具」者，隨緣與不隨緣皆屬別教」駁斥之也。

以下則就「無住本立一切法」，由無明與法性之體同體異分判別圓。

問：《淨名疏》釋無明無住云：「說自住是別教義，依他住是圓教意。」且隨緣義，真妄和合，方造諸法，正是依他，那判屬別？

答：疏中語簡意高，須憑記釋，方彰的旨。故釋「自住」，法性煩惱更互相望，俱立自住。結云：「故二自他並非圓義。以其惑性定能為障，破障方乃定能顯理。」釋依他云：「更互相依，更互相即，以體同故，依而復即。」結云：「故別圓教俱云自他，由體同異，而判二教。〔註163〕

蓋五住煩惱中之身見，貪欲，虛妄分別，顛倒想等四住俱依於「無住本之無始無明」。所謂「無住本」者，即謂其不能自持其自己，亦不能有所依止，依他而住也。故其本身只是一種無體之迷惑，如能轉迷成悟，則其當體即是空如無性之「法性」矣。故從無始無明（無住本）立一切法者，即示一切法當體即空，無始無明亦當體即空。皆不出「法性」，不離空性也。故「無明無住，無明即法性」，「法性無住，法性即無明」。無明與法住，依天台，非是自他體別之對立（自住），而是同一當體之相依相即（依他住）也。

實則，法性與無明俱可說自，說他。就其自己說自，就其相對言他。如無明以法性為他，法性則以無明為他，既有自他，則有「自住」與「依他住」之別矣。而圓別之分判則在是否「體同」而已。

雖然，體別之自他，亦有「依他住」義，但實則皆是「自住」。如《起信論》之真如心，所謂「不變隨緣，隨緣不變」。此「不變」即是真心之「自住」。至於「隨緣」即是其「依他住」。真心之所以隨緣，乃因有無明之介入，不守自性而陷溺者。就此無明識念能覆蔽真心，令不彰理而言，此即是無明之「自住」。就無明識念之起現生滅，必憑依真心而言，此真心即是無明之「依他住」，此二住他雖可言「依他住」，然俱是「體別」之「依他」，就此「體別」而言，故是真妄合，「即」義不成，故仍屬別教也。

下文繼云：

性體俱九，起修九用，用還依本，名同體依，此依方即。若不爾者，

〔註163〕同前註。

> 非今依義。故《妙樂》云:「別教無性德九,故自他俱須斷九。」是
> 知「但理」隨緣作九,全無明功。既非無作,定然爲障,故破此九,
> 方能顯理。若全性起修,乃事即理,豈定爲障,而定可破?若執但
> 理隨緣作九爲圓義者,何故《妙樂》中「眞如在迷,能生九界」判
> 爲別耶?故眞妄合,「即」義不成,猶名自住。〔註164〕

由於別教無明與法性體別,故法性便成「但理」。「但理」者,意即但指理自
己,此眞如心空不空但中之理,即《起信論》「一法界大總相法門體」便是。
此作爲法性之「但理」爲九界所覆(眞如在迷),亦爲九界之所依(能生九界),
唯「但理」却不能即於九界法,故破九界方能顯眞心果佛也。此即荊溪所謂
「背迷成悟,專緣理性,而破九界」也。〔註165〕故屬「緣理斷九」之別教,
而非圓實教可知矣。彼之所以如此,所「因處」拙故也,此「因處」乃就唯
一眞心而言也,無明乃屬客塵,與眞心(法性)體別而不相即也。故雖亦可
言「依他」,然終是眞妄合,「即」義不成也。

依天台,「即」是圓,「不即」是別。「即」之依他是無「自住」之依他。
「不即」之依他,則是有「自住」之依他。有「自住」之依他是「體別」之
依他,只有無「自住」之依他方是「體同」之依他也。

所謂「體同」者,意即無明與法性同一事體也。無明無住,無明當體即
是法性;法性無住,法性當體即是無明。此無明與法性二者俱無「自住」,但
却能更互相依。非離無明別有一「但理」之法性;也非離法性另有一孤調之
無明。以無明與法性體同而相依,依而復即,故是「即」之依他。此時「自」
即是「他」,「他」即是「自」,此兩「自」俱依他住,而實則皆無「自住」也。
如此方屬體同之「依他住」,此依他住亦即荊溪所謂之圓教義矣。

又無明雖與法性同體,但非意味無明不可破也。如無明果眞不可破,則
成佛亦終不可能矣。另一方面,此無明之破除,固不能與《起信論》等唯眞
心系統相提並論也,以彼等乃屬「緣理斷九」之權別教耳。故除無明即無差
別也,依天台圓教,無明之破除,乃透過「一念無明法性心」,解心無染,即
無無明。如此,「三道即三德」,「生死即涅槃」,無明即在此「不斷斷」中破,
破乃就主觀之迷情而言,此須斷,客觀之三千無明法,則非可斷也,如《維
摩詰經》云:

---

〔註164〕《十不二門指要鈔》,《大正》四六,頁715下至716上。
〔註165〕《法華文句記》卷第一下,《大正》三四,頁171中。

> 不斷淫、怒、痴，亦不與俱，不壞於身，而隨一相，不滅痴愛，起
> 於明脫，以五逆相而得解脫，亦不解不縛。〔註166〕

所謂「不滅痴愛」是「不斷」，「起於明脫」，則是「斷」。此即是「不斷斷」
之「圓斷」也。依天台，成佛必即於九界而成佛。以除無明有差別者，不斷
九界差別法故也。

知禮《金光明玄義拾遺記》卷第二，即以「冰水之喻」，說明十界互具之
理，彼云：

> 若謂結佛界水爲九界冰（隨緣作九），融九界冰歸佛界水（破九顯
> 理），此猶屬別；若知十界互具如水，情執十界局限如冰，融情執冰，
> 成互具水，斯爲圓理。〔註167〕

據此，可知圓教並非單指佛界爲水，九界爲冰也。而是十界互具爲水，情執
十界，局限不通爲冰，換言之，若情執而不互具，則雖佛界亦冰也。故成佛
必「即」九界，「具」九界而成佛，非破滅九界而成佛也。知禮即依此「具不
具」，「即不即」而判圓別，並依《起信論》華嚴宗之「不具」、「不即」，故雖
有隨緣義，而仍歸於「緣理斷九」之別教也。

又此《指要鈔》立「別理隨緣」之說，對於素習《起信論》與華嚴宗學之
山外諸師而言，無異是「惑耳驚心」之論。此繼齊所以作《指濫》，反對知禮此
說也。知禮則作《別理隨緣十二問》以明山外諸師之非，《指濫》等作，今已不
存，據知禮《別理隨緣二十問》所引，則諸師論點亦不外下列數端，如示：

> 法藏師著疏釋《起信論》，專立眞如具不變隨緣二義，乃云：「不變
> 即隨緣，隨緣即不變」，仍於彼五教中屬於終教，亦兼頓教，而對破
> 唯識宗談眞如之理，唯論不變，不說隨緣。審究唯識正是今家別教，
> 彼終頓二教所明不變隨緣，乃是今家圓教之理。〔註168〕

此即但認只具不變而無隨緣義之唯識宗「凝然眞如」爲別教，而視《起信論》
之具不變與隨緣二義者爲今家之圓教也。

彼在「第十五問」中引山外諸師之結難曰：

> 別理無住，能造諸法，只是理能造事，乃偏一之義。〔註169〕

---

〔註166〕《維摩詰經·弟子品》第三，《大正》一四，頁540中。
〔註167〕《金光明經玄義拾遺記》卷第二，《大正》三九，頁23中。
〔註168〕《四明尊者教行錄》卷第三，《大正》四六，頁874下。
〔註169〕《四明尊者教行錄》，《大正》四六，頁876上。

依山外諸師，彼等但知唯識宗爲別教，而不知《起信論》亦屬別教也，故有此疑。依彼等之意，屬別教之唯識宗，其眞如乃屬「凝然」、「頑駭」，不能隨緣而造諸法者，苟若「理」能造事，則「理」已非理，而同於阿賴耶識矣。蓋就此法相宗之阿賴耶識而言，則只有隨緣而無不變之性，此所以彼等認爲「終成偏一」之義也。

　　總之，山外諸師以不變隨緣之理，乃屬圓教。別理如有隨緣，則是否仍有不變之義？若有，則已屬圓教而非別教矣。

　　由於彼等認《起信論》眞如隨緣說乃屬圓教，如此，則以天台四教，總攝華嚴五教，乃屬不可能之事矣。

　　針對此點，知禮以《別理隨緣二十問》予以反駁。彼以爲天台所謂別教眞如非單指唯識宗之「凝然眞如」而說也。而是應概括有覺知能活動之佛界，故云：

> 別教既立佛界，豈有頑駭之佛耶？藏疏既約眞如無覺知故凝然，凝然故不隨緣，別理既有覺知，驗非凝然，那不隨緣耶？〔註170〕

又云：

> 荊溪既立別教「眞如在迷，能生九界」則以眞如爲生法本，乃永異業相爲生法本，安云別理爲不隨緣耶？〔註171〕

據此可知山外諸師乃在以隨緣說爲圓教，而不解別理亦有隨緣之義也。

又云：

> 藏疏圓教既未談理性本具諸法，與今家圓教得泯齊否？彼圓望今圓尚自天殊，安云終教之理與今圓等。〔註172〕

又云：

> 藏疏既未談理具諸法，是則一理隨緣變作諸法，則非無作，若不成無作，何得同今圓耶？〔註173〕

又云：

> 當知終教「但理」，以無住故，不可守佛界之性，爲妄扼覆，壓作九界，正當可覆義，稟此教者，雖信眞如變造諸法，未知事事當處圓

---

〔註170〕《四明尊者教行錄》，《大正》四六，頁875上。
〔註171〕同前註。
〔註172〕《四明尊者教行錄》，《大正》四六，頁875中。
〔註173〕同前註。

融，以此教未詮理性頓具諸法故。若稟今圓者，既知性德本具諸法，
雖隨無明變造，乃作而無作，以本具故，事既即理，故法法圓常，
無非法界，終教所詮，既其不爾，那得齊今圓教耶？〔註174〕

又云：

不談性具九界，乃是但理隨緣作九，若斷無明，九界須壞，若九界
即是真如理者，何須除九？豈非九界定能障理耶？若謂不然，終教
還說九界皆是法界一一遍收否？若說，與彼圓何別，若不說者，安
稱即耶？況彼圓既未談性具三千，雖說一一遍收，尚未有遍收，所
以若比今圓，不成「即」義，況終教耶？〔註175〕

凡此理論，知禮已在《指要鈔》中述及，故雖有《二十問》之反論，而要點
不外是闡明《起信論》之意當乃是終教，顯已不及華嚴圓教，更遑論與天台
圓教相比矣。

又《金剛錍》之隨緣說，旨在說明「無情有性」，故與《起信論》所言者
有別，彼云：

《金剛錍》明「真如是萬法，由隨緣故，萬法是真如，由不變故」，
約此二義，立無情有佛性也，終教雖立隨緣不變，而云：「在有情得
名佛性，在無情但名法性，不名佛性。」既分二派，徒云不變，正
是變也。既違《金錍》，那名圓理。〔註176〕

荊溪在此所以強調「無情有性」者，意在說明圓教三因體遍之遍攝即具義，
並非意味草木瓦石亦有主體覺佛性可實踐修行成佛也。要之，依荊溪，隨緣
不變乃就「一念無明法性心」之「即具」而說，故非如《起信論》之唯真心
說，真妄合，方有差別之法，離無明即無差別，此無明與法性體別而不相即，
還滅修行，必須緣理斷九，就此點而言，《起信論》為「別理隨緣」說，自是
的論矣。

其後，元穎作《徵決》，代繼齊答問，子玄又以《隨緣撲》，反對知禮，
淨覺仁岳時仍在知禮門下，即代師作《十門析難》以駁斥之，此十門是：

一、標名立義門，二、簡別示圓門，三、約文申理門，四、引喻彰
法門，五、具變性殊門，六、色心體異門，七、真妄生法門，八、

〔註174〕《四明尊者教行錄》，《大正》四六，頁875下。
〔註175〕《四明尊者教行錄》，《大正》四六，頁876上。
〔註176〕《四明尊者教行錄》，《大正》四六，頁875中。

經論詮旨門，九、比他宗教門，十、止世人情門。〔註177〕

此十門義理，多已在《指要鈔》與《二十問》中闡述，故不復敍，至子玄，玄穎，繼齊等異說亦俱已在本章第三節第二項第四目中述及，文繁亦不復再述矣。

### （二）立陰觀妄──顯天台觀境之道

宋法登云：

> 《指要鈔》中立「別理隨緣」乃中興一家圓頓之教，「立陰觀妄」顯一家觀境之道。〔註178〕

此四明知禮所以要在《指要鈔》中精簡一念，「立陰觀妄」者，無他，欲駁斥當時山外諸師，如慶昭、智圓等不曉止觀觀境之旨，並以一念爲「靈知眞性」，又不立陰入爲所觀之境，以致大失宗旨，其謬誤乃因受《起信論》華嚴宗，尤其是圭峯宗密與神會禪之「靈知眞性」思路之左右，遂致岐出天台者。

針對此點，四明知禮乃特立陰妄而爲所觀，彼於《指要鈔》首云：

> 雖諸法皆具三千，今爲易成妙解妙行故，的指「一念」，即三法妙中特取心法也。應知心法就迷就事而辨。（中略）若約迷悟分之，佛唯屬悟，二皆在迷。復就迷中眾生屬他，通一切故，心法屬己，別指自心故，《四念處》節節皆云「觀一念無明心」，《止觀》初觀陰入心，九境亦約事中明心，故云煩惱心，病心，乃至禪，見心等，及《隨自意》四運心等，豈非就迷就事辨所觀心？〔註179〕

此言《摩訶止觀》觀十境中，初觀陰界入境，並去丈就尺，去尺就寸，只觀識陰。即陰入心是也。至於其餘九境（即煩惱、病患、業相、魔事、禪定、諸見、增上、二乘、菩薩），亦俱是就迷就事論心也。

又智者《四念處》明言「一念無明法性心」〔註180〕故心應是即於煩惱無明之心而非偏指清淨眞如心亦明矣。惜乎山外諸師對天台教義，根本未能契入，故時而混雜《起信》華嚴之觀點，致有此異解矣。此所以知禮斥之爲「違文違教」也，彼云：

> 有人解今「一念」云是眞性，恐未稱文旨，何者？若論眞性，諸法

---

〔註177〕《別理隨緣十門析難書》，《卍字續藏》九五，頁407前下，後上。
〔註178〕《議中興教觀》，《卍字續藏》一○一，頁204後上下。
〔註179〕《十不二門指要鈔》，《大正》四六，頁706中。
〔註180〕《四念處》卷四，《大正》四六，頁578下。

皆是，何獨一念？（中略），更有人全不許立陰界入等爲所觀境，唯云「不思議境」。此三師灼然違教。且《摩訶止觀》先於六章廣示妙解，豈不論諸法本眞皆不思議，然於立行造修，須揀入理之門，起觀之處，故於三科揀去界入，復於五陰，又除前四，約取識陰，（中略）此是去丈就尺，去尺就寸，如灸得穴也。乃依此心觀不思議，顯三千法（中略），豈是直云「眞性」及「不思議」？〔註181〕

所謂不思議境，依天台，如《摩訶止觀》所云：

> 祇心是一切法，一切法是心故，非縱非橫，非一非異，玄妙深絕，
> 非識所識，非言所言。〔註182〕

此就一念心即具十法界而言不思議境也。此種不思議境乃在三道即三德，「不斷斷」中圓說之「一念」，故非阿賴耶系統所言之八妄識，亦非如來藏系統所說之眞常心，而是開決一切權教後之圓說，故不與彼等爲同一層次也。山外諸師，不解祖典，誤把一念視作「靈知眞心」，此即爲擠陷本宗，故知禮斥之爲違教也。

彼等之所以歧出，乃是對智者主要觀點根本無諦解也。如《指要鈔》云：

> 問：『常坐』中云：「以法界對法界，起法界」，『安心』中云：「但信
> 法性，不信其諸」，及『節節』云：「不思議境」，今何不許？〔註183〕

此中所言之「對法界」，「起法界」，見於《摩訶止觀》卷一下，彼文云：

> 若得此解，根、塵，一念心起，根即八萬四千法藏，塵亦爾，一念心
> 起，亦八萬四千法藏，佛法界、對法界、起法界，無非佛性。〔註184〕

原文本就圓教無作四諦而說四弘誓也。言苦、集、滅、道，俱性具本有，非造作而成也。若知根塵一念心起，並是法界，並是即空、即假，即中之不思議境。則此處所言之「佛法界、對法界、起法界」者，亦無非是「一念無明法性心」即具「十法界」之「法界」而已，非如唯識宗之專就「最清淨法界」或華嚴宗之一眞法界而言也。〔註185〕

至於所謂「唯信法性，不信其諸」，知禮則有如下闡釋，彼云：

> 又，《安心》文云：「唯信法性」者，未審信何法爲法性耶？而不知

---

〔註181〕《十不二門指要鈔》，《大正》四六，頁706中下。
〔註182〕《摩訶止觀》卷第五上，《大正》四六，頁54上。
〔註183〕《十不二門指要鈔》，《大正》四六，頁706下。
〔註184〕《摩訶止觀》卷一下，《大正》四六，頁9上。
〔註185〕參照牟宗三老師《佛生與般若》，頁775。

此文正是於陰修於止觀，故《起信論》云：「一切眾生從本已來未曾離念。」又下文云：「濁成本有」，若不觀三道即妙，便同偏觀清淨真如，荊溪還許不？〔註186〕

此所謂「唯信法性，不信其諸」語本智者《摩訶止觀》卷第五上論正修止觀章談善巧安心處之文也。智者之原文是：

> 不信顛倒起滅，唯信此心但是法性〔註187〕

此中所謂「法性」者，乃即於無明之法性也。「以痴迷故，法性變作無明，起諸顛倒，善不善等」，〔註188〕為求安心，故得云：「無明痴惑本是法性」也。〔註189〕「唯信法性」者，信「顛倒起滅善不善等」諸法即是法性也。故不可以「唯信法性，不信其諸」一語而以辭害意，把一念解作真心，而成偏觀清淨真如也。蓋此乃《起信》華嚴宗之思路，宜乎知禮駁斥之也，彼云：

> 然汝所引達摩印於可師「本無煩惱，元是菩提」等，斯乃圭峯宗密異說，致令後人以此為極，便棄二道，唯觀真心。（中略）豈言煩惱菩提一無一有耶？故不可以圭峯異說而格今家妙談爾。今既約「即」論斷，故無可減，約「即」論悟，故無可翻。煩惱生死，乃九界法，既十界互具方名圓，佛豈壞九轉九耶？如是方名達於非道，魔界即佛。故圓家斷證，迷悟，但約染淨論之，不約善惡淨穢說也，諸家既不明性具十界，則無圓斷，圓悟之義，故但得「即」名，而無「即」義也，此乃一家教觀大途，能知此已，或取或捨，自在用之。故《止觀》亦云：「唯信法性，不信其諸」，語似棄妄觀真，而《義例》判云：「破昔計故，約對治說」。故知的示圓觀，須指三道即是三德，故於陰等觀不思議也。〔註190〕

據此，可知天台性具圓教之特色，不外「即具」二字，依知禮，其釋「即」義則曰：

> 應知今家明即，永異諸師，以非二物相合，及非背面相翻，直須當體全是，方名為即。〔註191〕

---

〔註186〕《十不二門指要鈔》，《大正》四六，頁707上。
〔註187〕《摩訶止觀》卷第五上，《大正》四六，頁56中。
〔註188〕同前註。
〔註189〕同前註。
〔註190〕《十不二門指要鈔》，《大正》四六，頁707。
〔註191〕《十不二門指要鈔》，《大正》四六，頁707上。

實則，此種「即具」圓說，亦是智者，荊溪已有之義，知禮只是祖述而已，奈何山外諸師不解祖典，遂逕把智者「不信顛倒起滅，唯信此心但是法性」之語，解作「棄妄觀眞」，如此，則已非天台宗本義矣，恰當之解釋，應如荊溪所云：

> 眾生久劫，但著諸法，不信法性，破昔計故，約對治說，令於諸法
> 純見法性，若見法性，即見法性，約是諸法，是諸法性，本無名字，
> 約破立說，名性名法。〔註192〕

據此，則順迷逆眾生而言，即是「法性無住，法性即無明」；就已悟諸佛而說，則是「無明無住，無明即法性」。此「一念」實爲迷悟所觀之境，故是「一念無明法性心」，在「三道即三德」、「不斷斷」中，而成一家圓觀之不思議境，非謂棄妄觀眞也。

知禮於「色心不二門」中復指出偏觀清淨眞如之謬。彼云：

> 立門近要，則妙理可通。若㬎指眞如，初心如何造趣？依何起觀耶？
> 今立根塵一刹那心本具三千，即空、假、中。稱此觀之，即能成就十
> 種妙法，豈但解知而已？如此方稱作者之意，若也偏指清淨眞如，偏
> 唯眞心，則杜初心入路，但滋各相之境。（中略）應知觀心，大似澄
> 水，若水已清，何須更澄？若水未清，須澄濁水。故《輔行》釋「以
> 識人爲妙境」云：「今文妙觀觀之，令成妙境，境方稱理。」（中略）
> 故知心雖本妙，觀未成時，且名陰入。爲成妙故，用觀體之。若撥棄
> 陰心，自觀眞性，正當「偏指眞如」之責，復招「緣理斷九」之譏。
> 〔註193〕

依知禮，立陰觀妄，於根塵一念心中本具三千，即空、假、中，方是不思議境，如撥棄陰心，自觀眞性，此即是偏指清淨眞如，還滅必斷九界之法，此之謂緣理斷九，故屬別教，而非天台性具圓教矣。

## 第四節　宋以後之天台學概況

宋末以來，中國佛教界更趨向於融會，如來藏緣起說更成爲大乘之通量。〔註194〕習天台者，亦不能免。彼等或傾向於禪宗，〔註195〕或留心於淨

---

〔註192〕《止觀義例》卷上，《大正》四六，頁452上。
〔註193〕《十不二門指要鈔》，《大正》四六，頁709下。
〔註194〕參照印順法師《如來藏之研究》，頁3。
〔註195〕參看慧嶽法師《天台教學史》，頁287。

土。〔註 196〕此種情況，至明末智旭大師時，更爲顯明。依智旭，彼雖學宗天台，唯其教學却趨向於諸宗之融會，質言之，即是以攝盡各宗之融合性爲其指歸也。彼在《大乘起信論裂網疏》中，即強調如來藏緣起說乃「圓極一乘」。〔註 197〕又謂《起信論》之「眾生心」即是天台所云之「介爾之心」，並以隨緣不變，當體即眞，名此心爲如來藏。在解釋《起信論》之「體、相、用」三大時，則云：「以心眞如，即一切法眞如」，「隨指一法，並是眞如全體」爲體大！「眞如不變隨緣，舉體而爲眾生介爾之心，則介爾之心便是眞如全體。」在全妄即眞中，言本具性德之相大；又謂「此眾生現前介爾之心，無法不具，無法不造，隨於染淨緣，具造十法界，遍能出生十界因果」而爲用大。〔註 198〕

據此，可知智旭皆是以天台妄心觀之立場融入《起信》唯一眞心之論調。彼之用心或與宋代山外諸師不同，以山外派旨在援用《起信》義理疏釋天台，則不單攪混而已，實則已「擠陷本宗，齊彼終教」矣。至於智旭，則多少仍帶有調和融攝之意味，故以天台義理爲骨幹，疏釋《起信》，站在諸宗融會之立場，固無不可。然《起信論》乃屬眞常唯心論之別教系統，在未經開決之前，是否能以天台義例釋之，亦屬疑問。蓋唯心論與實相學畢竟立場有異，勉強比附，徒增困惑，於天台性具實相原理亦無裨益也。

〔註 196〕據《佛祖統紀》所載：如廣智系之道琛大師即強調知禮《妙宗鈔》之念佛義，主張「唯心淨土」之說。見大正四九，頁 230 下。
〔註 197〕《大乘起信論裂網疏》卷第一，《大正》四四，頁 422 下。
〔註 198〕參照《大乘起信論裂網疏》卷二，《大正》四四，頁 27 至 428。

# 第五章 結 論

## 一、從知禮〈天台教與起信論融會章〉談佛教各宗和會之可行性

由宋代山外諸師之從天台教義中歧出，引發一問題，即天台教觀是否可朝唯心論方向發展？唯心論與實相學能否相互融攝而復歸於一圓實教？關於此問題，依山家，尤其是四明知禮，彼站在天台教觀之極相違立場，對他宗（指華嚴、唯識二宗）是採取極嚴格之批判態度，故彼對山外諸師援引《起信論》以釋天台之舉，即斥之為「大失宗旨」。在精簡別圓方面，更充分顯示其不妥協態度，如堅執「立陰觀妄」、「別理隨緣」、「究竟蛣蜣」、「理毒性惡」等天台根本觀念，論義精切斬截，一無依違兩可之說，亦更能表現天台教觀之特色，故山家教學亦最能發揮智者與荊溪以來之天台性具思想者，此其所以為天台之正宗也。

至於山外諸師認為純圓獨妙之《起信論》一書，彼則堅持反對態度，依山家，《起信論》一書就華嚴宗之判教而言，亦只是終教而已，尚未達至彼宗之圓，而山外諸師却以彼宗之終教，齊天台之圓教，則未免有崇他賤己之嫌矣。

再者，就教義而言，由天台性具說，可進至《起信論》華嚴宗之性起說，則更非山家所允許，依山家，彼等之所為，只是墜陷本宗而已，非進展也。雖然如此，知禮對《起信論》仍倍感關切，用力甚勤，故亦大有悟入，唯就教義之立場而言，彼不單不受《起信論》思想之左右，且抱持極嚴格之批判態度，此從《十不二門指要鈔》、《別理隨緣二十問》等諸作俱可見其論義之斬截矣。彼雖有〈天台教與起信論融會章〉一文，然却非謂性起之唯心論與性具之實相學可相互融攝也。彼云：

> 有客忽問余曰：「《起信論》於天台四教攝屬何耶？余偶對曰：「《起

信論》是唐朝藏法師製疏申通，天台不見文句解釋。此乃各是一家
製作，難可和會。〔註1〕

據此，在知禮之心目中，實相學與唯心說乃兩種截然不同之系統，而非可輕
易和會者。然在五時八教中，《起信論》是否可以除外，關於此點，彼云：

余乃立理對曰：只恐不許天台融會，若信天台攝屬容有其理，則《起
信論》攝屬何難？〔註2〕

此言天台教與《起信論》在原理上之融會雖不可能，然就天台判教，決定其
所攝屬，則應無問題，彼云：

先將教攝論，次為以教會疏。〔註3〕

又云：

論以一心為宗，乃云：「總攝世出世法」，此則正在圓門，亦兼餘二。
真如門有離言依言，空不空義，則三教之理明焉，生滅門明初發心
住，能少分見於法身，八相成道，豈非圓位耶？次第翻九相，豈非
別位耶？八地得無功用道，豈非通教被接之位耶？〔註4〕

又云：

此論宗《百洛叉經》而首題大乘，則理合通於衍門三教。故天台《淨
名玄義》云：「佛性、唯識等論通申大乘三教。」唯識尚具三教、《起
信》何不具三？況與佛性大同小異。〔註5〕

對於賢首《起信論疏》彼則作如下之批判，彼云：

賢首立義，望於天台，乃是別教一途之說，未是通方別教。〔註6〕

又云：

藏師雖用圓名，而成別義，何者？彼云：「真如隨緣作一切法，而真
如體性常不變。」却謬引《釋論》云：「無情唯有法性，而無佛性。
此則名雖在圓、而義成別。〔註7〕

又云：

---

〔註1〕《四明尊者教行錄》卷第二，《大正》四六，頁871中。
〔註2〕同前註。
〔註3〕同前註。
〔註4〕《教行錄》卷二，《大正》四六，頁871中下。
〔註5〕《教行錄》卷二，《大正》四六，頁871中。
〔註6〕《教行錄》卷二，《大正》四六，頁871下。
〔註7〕同前註。

彼宗尚自判終教，未及於圓，豈天台之圓同彼之終？須知若凝然，
若隨緣，但據帶方便義也，皆屬別教。〔註8〕

據此，依知禮，則無論《起信論》或《藏疏》俱屬別教而未及於圓矣。此是
《起信論》如來藏緣起說之極限，即使進至華嚴宗無盡「法界緣起」之「別
教一乘圓教」，就天台之判教觀點而言，彼仍屬別教，所謂別者乃因其專就菩
薩，不共小乘而又非圓教故也，關於此點，賢首或不自覺，然知禮亦未斥其
「不了」也，彼但云：

菩薩弘教，各逗機宜，蓋是一類之機，宜聞一途之說，所以作此申
通，未必四依有不了也。〔註9〕

故結云：

若就被機，不須和會。〔註10〕

據此，則勉強和會，反不如各存特色，「各逗機宜」來得恰當矣。

　　就山家嚴格之教學立場，當然反對天台教與《起信論》之融會，然就一
般國人而言，調和融會之習性，則如梁啓超先生所言乃吾國思想界之最大特
色。〔註11〕日人中村元亦曰：

中國人有對任何思想都輕易加以肯定的傾向，於是成立了容易的妥
協和折衷主義。〔註12〕

就中國佛教史而言，關於此點，吾人亦不難發現國人實有此妥協折衷之性格。
蓋佛教本源於印度，自漢末傳入中土，其思想不旋踵即為我國學人所吸收，
並以傳統之老莊思想釋之，此即為早期所謂之「格義佛教」。〔註13〕，迨宋明
之際、陸象山、王陽明之心學亦有被譏為近禪者。〔註14〕此亦可見佛家義理
亦有被儒家套用之傾向矣。此種儒、釋、道三教合流之思想，其見於民間之

〔註 8〕　同前註。
〔註 9〕　《教行錄》卷二，《大正》四六，頁 872 上。
〔註 10〕　同前註。
〔註 11〕　見梁啓超《大乘起信論考證》，頁 10。
〔註 12〕　徐復觀老師譯中村元著《中國人之思惟方法》，頁 164。
〔註 13〕　《高僧傳》卷第四〈法雅大師傳〉云：「以經中事數擬配外書，為生解是例，
　　　　　謂之格義。」《大正》五〇，頁 347 上。
〔註 14〕　據《朱子語類》卷百廿四云：「子靜雜禪，又有術數，或說，或不說。」又據
　　　　　唐君毅老師《中國哲學原論‧原教篇》上，頁 293 云：「陽明則謂儒佛只有毫
　　　　　釐之別，亦時引禪宗如「不思善，不思惡」，「無所住而生其心」之言以講學，
　　　　　而更無忌諱。」

供奉祭祀則更爲普遍而不分矣。此亦可見國人胸襟之廣濶，對外來一切之思想俱能包容並蓄，予以合理化之解釋，給與適當之地位，而非輕易排斥之者。此中國文化之所以日益壯大，與此種無所不包容之「極相順」精神，亦非無涉也。

然就佛教本身而言，無論大小乘各宗，俱是佛說，唯依眾生之機感不同，故佛說法之內容亦有層次淺深之別，故有了義，亦有不了義，有權教；亦有實教，此天台智者大師所以有五時八教之判也。

當然，權別教亦非謂不可以進至圓實教，在《法華經》開權顯實，發迹顯本後，所謂「決了聲聞法是諸經之王」，〔註15〕則一切權教皆臻圓實，三乘復歸一佛乘亦非毫無可能者。然此必待「開權顯實」後方可言也。在未開決前，則仍不妨有四教之別，以權實教畢竟受其教義所局限，而不得逕視之爲圓教也。

就以上所說之《起信論》而言，四明知禮亦判其兼通大乘通、別、圓三教，但亦非謂其即是圓教也。蓋在未開決之前，本論仍屬權別教也。

唯我國佛教學者，却常站於極相順之立場，以調和各宗爲指歸。而無視宗派間之系統與入路之別異，如《起信論》一書，據梁啓超先生考證，即是受了地、攝二宗諍論之影響，而有調和阿賴耶與如來藏眞妄對立，建設眞妄同體，渾然一識之一元觀而僞作者。〔註16〕

此書即使判屬僞作，也非意味其義理失實也，蓋順北道之地論師，以及攝論師，其最後成熟之歸宿當爲起信論也。〔註17〕然須注意者，是該論之所以調和成功，乃因同屬唯識學系統所致（世親早期之唯識學亦有自性清淨心義，可翻閱本文第二章所述），非謂其他不同體系之宗派亦可隨意調和也。

署名慧思所撰之《大乘止觀法門》一書，則是顯明之例子。該書欲把天台性惡說之思想摻入如來藏自性清淨心之體系。故既言自性清淨心，又言如來藏性有染淨，如此調和則未免牽強而格格不入矣。

其後華嚴宗之圭峯宗密，在其《禪源諸詮集都序》中則不單主張禪教合一，且積極倡議佛教諸宗之應該和會，彼云：

　　或空或有，或性或相，悉非邪僻，但緣各皆黨己爲是，斥彼爲非，

---

〔註15〕《法華經·法師品第十》，《大正》九，頁32上。
〔註16〕參照《大乘起信論考證》，頁70。
〔註17〕參照牟宗三老師《佛性與般若》，頁280。

彼此確定，故應和會。（中略）

至道歸一，精義無二，不應兩全，至道非邊，了義不偏，不應單取，

故必須會之爲一、令皆圓妙。〔註18〕

繼宗密之後，另一禪師延壽，著《宗鏡錄》一百卷，其第三十二卷云：

詩三百一言可以蔽之，教五千一心能貫之。〔註19〕

據此，則彼亦強調佛教各宗在「唯心論」之立場下，亦應相互融攝也。如此，則山外諸師責山家不顧他宗之義，甚至謂知禮鯨吞《起信》〔註20〕故特引《起信》以釋天台，並謂眞如隨緣之說，乃圓極之談，則似乎亦沾染當時佛教界融會折衷之風氣矣。

當然，山外之以《起信論》解釋天台亦並非無理，彼當然有理，唯此「理」已非天台所言之「中道實相論理」矣，而是偏指清淨眞如心之「理」也。若云《起信論》經開權顯實後，而歸向於一乘圓教，則容有是理，若云天台宗可發展而至《起信論》系統，則無論如何，非山家所能接受者，儘管智顗，湛然之思路易使人引生錯覺，以爲可向唯心論方向發展，尤其是湛然，其套用《起信論》「隨緣不變」之語，以潤飾天台教學之舉，更易使人有此感覺，然無論如何，其骨幹仍屬實相學則屬無可質疑者。

比如，在觀法方面，天台仍免不了唯心論之色彩，然却非唯如來藏系統之眞心，亦非唯阿賴耶系統之妄識，而是就「一念無明法性心」而言。則此「一念」既有煩惱法，亦有智慧法，一念昏沈，無明心與法性合，即有煩惱法，唯「若識無始即法性爲無明，故可了今無明即法性」〔註21〕解心無染，無明即明，如此，清淨眞心亦非不可證現，事實上眞心亦必須呈現，否則成佛即永無可能矣。故依天台亦非不言「眞心」者，只是「不偏指清淨眞如心」而已。此眞心依天台乃是在「三道即三德」、「不斷斷」之圓觀下證顯。此是性具系統下之圓說，非《起信論》之「緣理斷九」可比也。

又天台言性惡，亦非不言性善，依天台，善惡是就法說，而非就性說，所謂法性一性，即是空如之理，其本身無善惡可言，然作爲諸法之法門，則仍可有善惡之別也。所謂「除無明有差別」者，如「究竟蛣蜣」，此即是佛之

---

〔註18〕《禪源諸詮集都序》卷上之一，《大正》四八，頁400下。

〔註19〕《宗鏡錄》卷三十二，《大正》四八，頁603下。

〔註20〕見《別理隨緣十門析難書》，《卍字續藏》九五，頁415前下。

〔註21〕《十不二門指要鈔》，《大正》四六，頁703下。

性惡也。〔註22〕不能謂因諸佛斷修惡盡，而亦可斷性惡也。性惡法門既斷，則如何普度眾生？雖有神通作意，仍然是隨緣而起之有作無量四諦，而非無作四諦矣。故不可因天台亦言法性便以爲可與《起信論》和會也。

關於此點，牟宗三老師在《佛性與般若》中曾作如下之論述，彼云：

> 天台圓教乃由消化一切權教而透出，本即思議爲不思議，即次第爲不次第，即權而爲實，本不與任何權教爲敵，而亦不與任何權教爲同一層次，視之爲一權教性之特定之說，而依據另一特定之說以與之辯，皆不能得其實，亦不能了解其語句與思理之眞實意義。〔註23〕

依牟老師之意以爲《起信論》乃先分解地預設一如來藏自性清淨心作爲一切法之生起依據。而天台圓教則非走分解之路，彼是順「三道即三德」、「不斷斷」之「即具」下說明一切法，此屬消化層，即開決一切權教後方透出者。故與《起信論》並非列在同一層次也。彼以爲順分解之《起信論》華嚴宗之系統較易把握，亦較易契入，〔註24〕此所以山外諸師與《起信論》接觸後，即不自覺歧出而轉向華嚴矣，淨覺仁岳之盡背師說，即是明顯之例子。

當然，吾人於此亦不宜對華嚴與天台兩大系統作一軒輊抑揚之比較、如此，則山外諸師亦非定錯，志磐站在山家之立場，依史記體例作《佛祖統紀》，爭法統亦如爭政統。唯其對仁岳之評議亦只曰：

> 若鑒之以佛眼，則聖賢弘道互有抑揚，豈當定其優劣，如調達波旬皆以大權示現邪見，詎可以俗情裁量之邪，是以議淨覺者，當以此意亮之。〔註25〕

唐君毅老師對此論諍則更站在「極相順」之立場，對山外諸師之立說，亦多加以肯認，並予以相當之地位及評價，彼云：

> 如以心統色心，以三諦圓觀三千，或一切法，以心法爲佛法與眾生法之本，及第一義之性爲淨善，固華嚴與智顗之所同，而湛然亦可無異辭者，則山家之說，固亦不能謂其爲天台之叛徒，而當說其與山家合爲天台宗之二流，而其教義之能通攝於《起信論》華嚴宗之義，正所以見天台華嚴之教義可相攝，而可使二家之人各破其門戶

〔註22〕 參照栢庭善月《山家緒餘集》卷中，《卍字續藏》一○一，頁261後上。
〔註23〕 牟宗三老師《佛性與般若》，頁1181。
〔註24〕 牟宗三老師《佛性與般若》，頁1129。
〔註25〕 《佛祖統紀》卷二二，《大正》四九，頁241下至242上。

之見，而顯此二家之差別乃差別而無差別，此差別亦假相而可空，
以見其教義亦有不可二處，而並加以圓觀者也。則吾人生於後世，
亦不必本昔天台宗人之門戶之見，以爲抑揚也。〔註26〕

彼以爲無論山外與山家，思路儘管不同，亦俱可相反而相成者，然亦非謂此
二系統可相通而泯滅判教之需要也。關於此點，唐老師則就人修行之工夫與
人之氣稟不同而作說明，彼云：

至於眞正依教言理者，其所以必各引一端，則所以應合於人在修行工
夫上之眞實需要，蓋由人之氣質之差別，一時心態之差別及所在情境
之差別，而人在所行工夫上，亦恒有不同之需要，如以上述之山家山
外而論，大率人之氣質篤實，而能面對其妄染而修行者，必多契於爲
天台正宗之山家，至其氣質高明，而能直契其一念清淨而修行者，必
多契於山外及山外所攝之華嚴宗人言一空寂靈知之心之旨。〔註27〕

據此，則山外山家實不宜過分抑揚也，四明知禮於《起信論》，但云：

若論被機，不須和會。〔註28〕

又云：

菩薩弘教，各逗機宜，蓋是一類之機，宜聞一途之法，所以作此申
通，未必四依有不了也。〔註29〕

據此，可知四明對賢首之華嚴宗亦無貶抑之意，只就機宜而論，而非抹煞其
價值也。

當然，站在極相順之立場，所謂「至道歸一，精義無二」，「了義不偏，
不應單取」，故和會亦非沒有必要，天台宗亦主會三歸一、藏、通、別之三教，
經《法華》開權顯實後亦非不可滙歸於一佛乘者。唯在未開決之前，則藏、
通、別、圓四教依其教觀之不同，實亦有保留其教相特色之必要，基於此點，
吾人對山家嚴格之批判態度，亦不能謂其不當。至於日人安藤俊雄博士則採
取較爲折衷之論調，彼云：

假定專門重視極相順的這方面，則所有觀點，就不免變爲曖昧，而
所有的論述，亦必成爲非系統的，假定偏於極相違的這方面，則其

---

〔註26〕《中國哲學原論・原道篇》卷三，頁1355。
〔註27〕唐君毅老師《中國哲學原論・原道篇》卷三，頁1363。
〔註28〕《四明尊者教行錄》卷第二，《大正》四六，頁872上。
〔註29〕同前註。

所有的視野，就不免變爲偏狹，同時亦即無視佛教諸宗的一般原理。
〔註30〕

總之，天台教與《起信論》就教理之入路而言，乃是兩個截然不同之系統，勉強和會則徒然攪混，如山家斬截而不依違兩可之論調，亦正可以保留天台實相學之特色，與察覺《起信論》唯心說之局限矣。

## （二）天台之判教與眞正之圓教

天台有所謂五時八教之判，五時者：華嚴，阿含，方等，般若，法華涅槃是也；八教者，頓、漸、秘密、不定、藏、通、別、圓便是。又此八教前四乃化儀四教，後四則屬化法四教，此化儀四教與五時之判在本文第三章第二節第一項已有述及，今不再敍，茲就諦觀《天台四教儀》。有關「化法四教」處、略談天台判教之原理與特色。

先明藏、通二教，彼云：

> 第一、三藏教者、一、修多羅藏（四阿含等經），二、阿毘曇藏（俱舍、婆沙等論），三一毘尼藏（五部律），今取小乘三藏也。《大智度論》云：迦旃延子，自以利根，於《婆沙》中明三藏義，不讀衍經，非大菩薩，又《法華》云：貪着小乘三藏學者，依此等之故，大師稱小乘爲三藏教。〔註31〕

> 次明通教者，通前藏教，通後別圓，故名通教，又從當教得名。謂三人同以無言說道，體色入空，故名通教。〔註32〕

有關此兩教之同異，則曰：

> 問：此藏、通二教，同是三乘，同斷四住，止出三界，同證偏眞，同行三百由旬，同入化城，何故分二？

> 答：誠如所問，然同而不同，所證雖同，大小巧拙永異。此之二異是界內教，藏是界內小拙，不通於大故小，析色入空故拙，此教三人，雖當教中有上中下異，望通三人則一概鈍根、故須析破也。通教則界內大巧，大謂大乘初門故，巧謂體色入空故。〔註33〕

---

〔註30〕演培法師譯安藤俊雄著《天台性具思想論》，頁 14。
〔註31〕《天台四教儀》，《大正》四六，頁 776 上。
〔註32〕《天台四教儀》，《大正》四六，頁 777 下。
〔註33〕《天台四教儀》，《大正》四六，頁 779 上。

此言就觀法方面，小乘（藏教）爲「析法空」或「色敗空」，此乃由色之生滅無常敗壞而言空也。此種觀空之方式，固屬佛初步之曲示，而此種曲示，據實言亦是笨拙之曲示。所謂「拙度」，乃是爲鈍根人而示現也。

至於通教，則已由「析法空」之拙度，進至「體法空」之巧度矣，所謂「體法空」者，乃就緣起性空而言也，以諸法緣生無性，當體即空，故不必如藏教之經由分析折散而言空也。

復次，由緣生無性而見當體即空，即是悟入「無生法忍」，所見唯是實相，實相一相，即是無相，就四諦而言則屬「無生四諦」也，故異於藏教之只言「生滅四諦」也。

就解脫而言，此藏、通二教之聲聞、緣覺、菩薩、證果雖異，然同斷見思，同出三界，同證偏眞，同行三百由旬，只入化城，此乃其相同之點。

言同斷見思者，同斷見惑、思惑也。此見惑障理，思惑障事，故又稱枝末惑。尚未斷及塵沙惑也。又未行大乘菩薩道，無道種智故，根本惑之無始無明，仍未觸及，故尚未知如來藏恒沙佛法佛性也。

同出三界者，同出離欲界、色界、無色界也，唯尚未能達至界外，以但言六識，未及七八識也。言界內者，謂所及範圍有限，尚未至界外之無限也。如此，即是「功齊界內，智不窮源」，所證仍屬有量生滅四諦。至於通教，則因「體法空」之巧度，已悟入無生忍位，故所證已至有量之無生四諦矣。

然而仍是「功齊界內」者，以其悲願所成兼濟之功只及三界之內耳，未能通至界外之無限，故只能解脫分段身，而未及解脫不共小乘之菩薩勝妙果報——變易身也。蓋凡有生死，即有無明、果報，而此無明乃屬三界之外，故變易生死之解脫必須徹法之源至無限方可矣。

同證偏眞者，以未至「如來藏恒沙佛法佛性」，故只能證偏眞之空，而未及證空而不空之中道第一義諦也。

就佛果而言，則藏、通二教俱屬灰斷佛，即化緣已盡，灰身滅智，只留舍利爲人間福田耳。何以故？以其未進至「如來藏恒沙佛法佛性」也，所修仍屬無常佛性，非理性本具之眞常佛性也。

又此藏教同於華嚴宗法藏所判之小乘教，通、別教則相當於彼宗之始、終教。唯通教無特定教相，但依《般若經》與龍樹《中論》而成！故所謂通教之「空宗」是否能獨立成宗，仍屬商榷，關於此點，牟宗三老師有如下之意見，彼云：

《般若》與《中論》俱有兩義，一是共法，一是限定相，就《般若經》言，它的「不壞假名而說諸法實相」是其爲共法義；然而般若之作用的圓具非存有論的圓具（不具備一切法之根源的說明）此是其限定相。〔註34〕

據此，就《般若經》觀法上之融通淘汰之精神而言，所謂「緣起性空」，此乃佛家之共義，不專屬於通教也，唯就其如何引導吾人融通淘汰，或如何作體法空之中道觀時，雖則此中道無實際功用，不備諸法，然亦可作爲一有限定教相之無諍教——通教矣。

次明別、圓二教，諦觀曰：

此教明界外獨菩薩法，教理智斷、行位，因果別前二教，別後圓教，故名別也，《涅槃》云：四諦因緣有無量相，非聲聞，緣覺所知，諸大乘經，廣明菩薩歷劫修行位次第互不相攝，此並別教之相也。〔註35〕

次明圓教者：圓名圓妙、圓滿、圓足、圓頓、故名圓教也。所謂圓伏、圓信、圓斷、圓行、圓位、圓自在莊嚴、圓建立眾生，諸大乘經論說佛境界，不共三乘位次，總屬此教也。〔註36〕

前言藏，通二教，由於只言六識，未及七八，故仍屬功齊界內，智不窮源，化緣已盡，即灰身滅智，故所證但是有量之生滅或無生四諦而已，以其無眞常佛性故也。唯獨大乘別教，則能窮法之源，可至無量四諦，換言之，即不限於界內之有限量境，而可徹至界外之無限量境矣。蓋就一般心識之劃分而言，如只及六識，則是藏、通二教，如進至阿陀那（末那）及阿賴耶，並以阿賴耶爲異熟果報識爲中心而說明一切法生起之根據者，依天台，此即是別教，依華嚴則是始教。若以如來藏自性清淨心爲中心，而說明一切法生起之依止者，此依天台則仍判屬別，華嚴則判屬終教。倘以此終教爲基礎，相應《華嚴經》之法界緣起，此依華嚴，則屬別教一乘圓教，此言「別」者，非同智顗判藏、通、別、圓中之別教也，以此乃低於圓教者，乃是就《華嚴》只說眞實一佛乘，與他教之方便有權說者不同。如天台之《法華》圓教，即有權可開可廢，故爲「同教一乘」，以示與一自始即不與權教相待之華嚴圓教

---

〔註34〕《佛性與般若》，頁635。
〔註35〕《天台四教儀》，《大正》四六，頁778上。
〔註36〕《天台四教儀》，《大正》四六，頁778下。

別異也。唯依天台，則仍視之爲別教，別者，言其專就菩薩不共小乘而又非圓教之謂也。

至於圓別之判依智者，在《妙法蓮華經玄義》卷第九上講圓門入實觀時，即以十義作爲簡別：彼云：

> 別圓兩種，俱通中論。其同異略爲十。一、融不融。二、即法不即法。三、明佛智非佛智。四、明次行不次行。五、明斷斷惑不斷斷惑。六、明實位不實位。七、果縱果不縱。八、圓詮不圓詮，九、約難問。十、約譬喻。〔註37〕

依智者，雖以十義精簡圓別，實則只有前八義，而八義中又以融不融，即不即，次第不次第，斷斷不斷斷，果縱果不縱等五義爲基本，其中尤以即不即，斷不斷最爲重要，圓別之判亦在茲矣，如云：

> 即法不即法者，若說「有」爲門，此有非生死有，出生死外別論眞善妙有。空門者，出二乘眞外別論畢竟空。乃至非有非無門亦如是，是爲別四門。若有爲門，即生死之有是實相之有：一切法趣有，有即法界，出法界外，更無法可論。生死即涅槃，涅槃即生死，無二無別，擧有爲門端耳。實具一切法，圓通無礙，是名有門。三門亦如是。此即生死之法是圓四門相也。〔註38〕

此「即不即」是天台性具圓說之最大特色，所謂煩惱即菩提，生死即涅槃，生死法當下即是實相，非離生死而別有一清淨之涅槃也，故成佛必即於九界法中之任一界而成佛。以無一法可斷也。彼云：

> 約斷斷不斷斷者，夫至理之虛無，無明體性本自不有，何須智慧？解惑既無，安用圓別？《涅槃》云：「誰有智慧？誰有煩惱？」《淨名》曰：「婬怒癡性即是解脫」，又「不斷癡愛，起於明脫。」此則不論斷不斷。《大經》云：「闇時無明，明時無闇，有智慧時，則無煩惱」，此用智慧斷煩惱也。若別有門，多就定分割截，漸次斷除五住，即是思議智斷也。乃至三門亦如是，是爲別四門。若圓有門，解惑不二，多明「不斷斷」，五住皆不思議，即是不思議斷，乃至三門亦如是，是爲圓四門。〔註39〕

---

〔註37〕　參照《法華玄義》卷第九上，《大正》三三，頁88上。
〔註38〕　《法華玄義》卷九上，《大正》三三，頁788中下。
〔註39〕　《法華玄義》卷九上，《大正》三三，頁788下至789上。

此中言解惑不二，亦即性修不二之「不斷斷」也。此不思議斷之圓斷，乃天台實相學之另一最主要之特色，《摩訶止觀》云：「惡中有道故，雖行眾蔽，而得成聖，故知惡不妨道。（中略）譬如虛空中，明暗不相除，顯出佛菩提。即此意也，」〔註40〕總之，惡不妨道，道不妨惡，無明無住，無明即法性，法性無住，法性即無明，明暗兩不相除，故能即惡而為道，此即為「不斷斷」也。「不斷」者，不斷無明中之生死煩惱法也，「斷」者斷其無明妄執也。

總之，此別、圓兩教，就觀法而言，別教但就體法空而言無生四諦，圓教則言一心三觀，由此而言三眼、三智、三諦，觀空為慧眼、一切智，觀假為法眼，道種智，觀中為佛眼，一切種智，而所觀之空、假、中即三諦也，即三而一，即一而三，無能觀所觀，能觀之智即是所觀之境，說空，則無假、中而不空，一切法趣空，是趣不過，此為總空觀，其餘假，中亦然。此乃由體法空而當體即證入無生、無量、以至無作四諦矣。

就解脫言，阿賴耶系統但約正聞熏習說而言出世清淨，故成佛有種性，雖可通至界外，斷及無明，因屬漸教，故成佛亦無必然性也。以此教之言正聞熏習畢竟屬後天經驗之偶然，故雖可證入無量四諦，亦是窮法之源未至其極也，故屬界外一途法門，未算通方法門也。

至於如來藏緣起系統如《起信論》所言者，則由始覺，究竟覺以致還歸本覺，斷及無明，究竟成佛並由一心開二門說明一切法之流轉還滅，故可言無量四諦，窮法之源亦至其極矣。唯因法性與無明體別而不相即，自行化他俱須斷九，故只能充分證成佛法身之圓滿，即使進至華嚴宗之法界緣起亦不例外。

天台圓教則就圓伏、圓信、圓斷、圓行、圓住、圓自在莊嚴，圓建立眾生，而言解脫，此即所謂「不斷斷」也。以「斷斷」有能覆所覆，故必斷除能覆之無明，始顯真心之清淨，必斷九界之差別，方現法身之實德，此別教所以為「緣理斷九」也。而圓教之法身則必即於十界互融而為法身、般若，解脫也。以三千世間法皆是性德本具，故無一可斷也。低頭舉手皆成佛道，無非任運而行，故作而無作，是即證入無作四諦也。所謂三道即三德，煩惱即菩提、解心無染，無明即明，即地獄亦成佛界也。偶一昏沈，法性無住，明即無明，即佛界亦地獄也。染淨在乎主觀之迷悟，三千之客觀法門則不可改，此是性具系統下之圓斷也。

〔註40〕《摩訶止觀》卷二下，《大正》四六，頁 17 下。

　　就佛果言，阿賴耶系統之眞如由於只是理，凝然不動，故一切憑依之而起之加行亦皆是生滅有爲，佛智亦不例外，如此，則「如來藏恒沙佛法佛性」一觀念即不易證成。空不空如來藏中道實相理亦只證成「但中」之理而已。

　　至於如來藏系統，如《起信論》者，通過還滅，眞心朗現即是佛。如此，則不但「如來藏恒沙佛法佛性」一觀念可充分證成，「空不空」亦可證成。唯須注意者乃此「空不空」本由眞心隨緣時於緣修中始充實，遂於緣修方便上言一切法趣不空耳。依《起信》，隨緣是敞開而不決定者，有可隨到者，亦有隨不到者。如此，即其證成之「空不空」中道實相理，仍只是「但中」之理而已，非是即空，即假、即中之圓中也。

　　又此正因佛性既是眞心即性之空不空「但中」之理，並不即具恒沙佛法，只是由眞心不變隨緣而爲性起地具備一切法而已。而緣了二佛性亦由隨緣修顯而成。故三因佛性即成亦縱亦橫，故非圓佛性也。

　　至於圓教，其如來藏必就「一念無明法性心」說，故非偏指清淨眞如心也。依天台，佛之圓滿體現必即於三千世間法而一體呈現也。以恒沙佛法佛性本具此三千法故，正因佛性中道第一義空是即具恒沙佛法，當下即是遍滿常之第一義空。緣因佛性解脫斷德是即具恒沙佛法，當下即是遍滿常之斷德；了因佛性般若智德是即具恒沙佛法，當下即是遍滿常，具有「即空、即假、即中」三諦圓觀之智德。故三因佛性，非縱非橫，如圓伊三點，緣了二佛性，是性亦是修，是修亦是性，全性起修，全修是性，此之謂性修不二之圓教也。

　　據懷則《天台傳佛心印記》云：

> 只一具字，彌顯今宗，以性具善，他師亦知，具惡緣了，他皆莫測，是知今家性具之功，功在性惡，若無性惡，必須破九界修惡，顯佛界性善，是爲緣理斷九。非今所論，故《止觀》所明十乘妙境，觀於陰等十境三障四魔、一一皆成圓妙三諦。〔註41〕

又云：

> 修惡既即性惡，修惡無所破，性惡無所顯，是爲全惡是惡，即義方成，是即今家明即永異諸師，以非二物相合，亦非背面相翻，直須當體全是，方名爲即，何須斷除煩惱生死，方顯佛界，菩提涅槃耶？〔註42〕

知禮《金光明經玄義拾遺記》卷第二亦云：

---

〔註41〕《天台傳佛心印記》，《大正》四六，頁934上。
〔註42〕《天台傳佛心印記》，《大正》四六，頁934上中。

良由圓教指惡當體即是法界，諸法趣惡，十二因緣，非由造作，即是佛性，故陀那惑性，賴耶無明，相相圓融，與秘密藏無二無別，是故得云：「識是覺了，智慧異名。」然若不以「不斷煩惱」，即惑成智，消此文者，圓意永沈。〔註43〕

據此可知，真正之圓教必須是在「三道即三德」，「生死即涅槃」，「煩惱即菩提」之「不斷斷」方式下證成者，故能一體平舖，機無不攝，圓滿無盡，即九界而成佛，故蚖蛆微劣之物亦俱究竟也，方稱圓理，如華嚴者，雖亦言性具之說，唯以偏指清淨真如，終難擺脫「緣理斷九」之特色也。

然而，華嚴與天台俱為我國佛教界最有代表性之二宗。彼此相互影響，然以系統不同，所依經論各異，致有二種不同之圓教耳。

依華嚴，彼宗是以《起信論》為其義理之根據，進而觀《華嚴經》佛境界之廣大無礙，言佛以一音說法，其音聲即遍重重無盡世界，而無不聞也。其光明遍重重無盡世界而無不照也，此種帝網重重，相即相入，圓融無盡之思想，宜乎方東美先生所云：

那處處美滿，處處圓融，一切均是無礙無盡的華嚴宗的圓教思想。這個是大乘佛學教理上四大教派裏面的最後發展，在它的思想裏面，其精神上處處都是美滿無缺。〔註44〕

據此，則方先生亦以華嚴宗為最後發展之教派，其義理自然是究竟圓滿無缺者也。

唐君毅老師亦非常推崇華嚴，以為是「極高明而致廣大」，彼云：

華嚴之法界觀即自始為廣度的，故重周遍，重普融。故以有大行願之普賢菩薩為宗，而不同天台之本《法華》而以救苦救難之觀世音菩薩為宗。《華嚴經》言一毫端出大千世界無量經卷，雖亦似天台之言一念三千，然卻非重在納三千於一念，納大千世界無量經卷於一毫端；而意在於一毫端開出大千世界無量經卷，以見法界緣起之廣大無礙。（中略）然天台自是重在止於介爾一念，以成觀；而華嚴則重在觀無礙法界之大緣起，以成止。天台所止之介爾一念，即吾人凡夫無明法性心，以止觀破無明，而開顯法性。而華嚴所觀之大緣起，則初只佛眼所見一真法界。故吾嘗於〈原性篇〉謂天台宗能道

〔註43〕《金光明經玄義拾遺記》，《大正》三九，頁22中下。
〔註44〕方東美先生《華嚴宗哲學》，頁183。

中庸而極精微，而華嚴宗則是極高明而致廣大。〔註45〕

唐老師站在極相順之立場，但以觀法方式之不同而論二宗，就其義理而言，則無不究竟，而難分軒輊也。然而一圓無二圓，最後之真理則應只有一而無二，否則二圓對立，論諍則終難永息，故只有真正之無諍教方屬圓理也。

依華嚴，就其教理之入路，則此宗旨在頓入一真法界，故亦無權可開，無權可廢，意在直顯，依天台五時之判，則正屬華嚴時。乃於佛成道後，在寂滅道場，始成正覺，現毘盧遮那法身，以頓之方式說圓滿修多羅，即《華嚴經》是也。約機約教，則未免兼權，以只攝大機，不攝小機，比如日出，先照高山，未照及平地幽谷也。如此，即是攝機不盡，以但顯佛法身之孤高，故其頓現萬象亦只是「海印三昧威神力」隨眾生樂見而映現耳。此種法身上之無量功德，亦只是因地久遠修行之緣修法，通過還滅後透進佛法身上者，法是還滅後之清淨法，而非隨緣時之情執法。故成佛必脫離九界穢惡之法，而非即於九界法而成佛矣。此佛法身之圓滿無盡，畢竟是因脫離九界而呈顯之孤高，孤高則不融即，故仍有一隔之權，此所以諦觀《天台四教儀》亦評之曰：

> 如華嚴時，一權一實，各不相即，大不納小故，小雖在座，如聾如啞。是故所說法門雖廣大圓滿，攝機不盡，不暢如來出世本懷。所以者何？初頓部有一粗一妙，一妙則與《法華》無二分別，若是一粗，須待《法華》開會廢了，方始稱妙。〔註46〕

由於華嚴之「別教一乘圓教」仍有一隔之權，尚須開決，方得稱妙，以此觀之，華嚴雖較天台為晚出，但就義理方面，其非真正之最後圓教亦可知矣。

華嚴宗之圓教尚非真圓，則作為該宗理論支持點之《起信論》自然亦非圓理矣。雖則此論在我國佛教界享有極高之評價，然賢首著疏亦只判為終教而已，尚未至彼宗之圓。唯此書自面世以來，由於得到佛教界之傳誦，註釋之書百七十餘家，為書不下千卷。〔註47〕此天台宗自亦難免不受其影響矣。《大乘止觀法門》或是最先嘗試調和《起信論》與天台教而又不太成熟之偽作。唐代之荊溪湛然大師則雖有套用賢首《起信論義記》「不變隨緣」之語，而取義卻有所不同，其意不在融會，但以此展示天台性具圓理之優越而已。

---

〔註45〕唐君毅老師《中國哲學原論・原道篇》卷三，頁1298。
〔註46〕《天台四教儀》，《大正》四六，頁775中。
〔註47〕見梁啟超先生《大乘起信論考證》序，頁5。

　　迨大宋龍興，遺文已復，然習天台者，久生難熟，於祖典一時未易契入，又誤解荊溪隨緣之義，遂有山外諸師援引《起信》齊今圓教之舉，此四明知禮所以要「立陰觀妄」，強調「別理隨緣」者，此無他，亦欲展示一家性具圓教之理而已。換言之，此宗若非知禮中興，則以當時山外之多，天台圓教雖未必爲《起信》所吞噬，亦將圓義永沈矣。

　　總之，天台圓教乃在「即法不即法」與「斷斷不斷斷」等方式下證成者，故即思議而爲不思議，其言「一念無明法性心」，此「一念」不但有煩惱法、亦有智慧法，故無論是以阿賴耶系統之八識妄心釋之，或以如來藏系統之清淨眞心滙之，皆不能有諦解，依牟宗三老師之意則以爲：

> 天台圓教乃由消化一切權教而透出，本即思議爲不思議，即次第爲不次第，即權而爲實，本不與任何權教爲敵，而亦不與任何權教爲同一層次。〔註48〕

據此，則天台圓教乃屬開決一切分別說之權教後而成立之無諍教。此方是眞正最後之圓教也。

<hr>

〔註48〕牟宗三老師《佛性與般若》，頁 1181。

# 參考書目

一、專著及論文

1. 《如來藏之研究》，印順，正聞出版社。

2. 《無諍之辨》，印順，慧日講堂。

3. 《大乘起信論講記》，印順，慧日講堂。

4. 《寶積經講記》，印順，慧日講堂。

5. 《勝鬘夫人經講記》，印順，慧日講堂。

6. 《中觀論誦講記》，印順，慧日講堂。

7. 《唯識學探源》，印順，慧日講堂。

8. 《性空學探源》，印順，慧日講堂。

9. 《論書與論師之研究》，印順，慧日講堂。

10. 《初期大乘佛教之起源與開展》，印順，慧日講堂。

11. 《中國禪宗史》，印順，慧日講堂。

12. 《中國哲學大綱》，羅光，商務印書館。

13. 《中國哲學思想史》，羅光，學生書局。

14. 《禪學之黃金時代》，吳經熊，商務印書館。

15. 《華嚴宗哲學》，方東美，黎明出版社。

16. 《中國哲學原論・原道篇》卷三，唐君毅，新亞研究所。

17. 《中國哲學原論・原教篇》，唐君毅，學生書局。

18. 《生命存在與心靈境界》，唐君毅，學生書局。

19. 《中國文化之精神價值》，唐君毅，正中書局。

20. 《佛性與般若》，牟宗三，學生書局。

21. 《智的直覺與中國哲學》，牟宗三，正中書局。

22. 《現象與物自身》，牟宗三，學生書局。

23. 《中國人性論史》，徐復觀，商務印書館。

24. 《中國人之思惟方法》，中村元，中華文化出版事業。

25. 《心體與性體》卷一，牟宗三，正中書局。

26. 《中國佛教心性說之研究》，馬定波，正中書局。

27. 《印度佛教心性說之研究》，馬定波，正中書局。

28. 《攝大乘論講記》，印順，慧日講堂。

29. 《唯識法相及其思想之演變》，演培，慧日講堂。

30. 《異部宗輪論語體釋》，演培，靈峰般若講堂。

31. 《解深密經講記》，演培，靈峰般若講堂。

32. 《佛教之緣起觀》，演培，慧日講堂。

33. 《天台性具思想論》，安藤俊雄，靈峰菩提學院。

34. 《大乘佛教思想論》，木村泰賢，慧日講堂。

35. 《小乘佛教思想論》，木村泰賢，慧日講堂。

36. 《原始佛教思想論》，木村泰賢，商務印書館。

37. 《華嚴思想史》，高峯了州，中華佛教文獻。

38. 《佛教唯心論概論》，村上專精，慧日講堂。

39. 《大乘起信論新釋》，湯次了榮，天華出版社。

40. 《中國佛教史》，宇井伯壽，協志出版社。

41. 《大乘起信論眞偽辯》，王恩洋，建康書局。

42. 《天台教學史》，慧嶽，佛教文獻編撰社。

43. 《大乘起信論考證》，梁啟超，商務印書館。

44. 《天台宗大意》，黃懺華，《佛教學術叢刊》（55）。

45. 《天台宗要義》，李世傑，《佛教學術叢刊》（55）。

46. 《天台學鳥瞰》，智定，《佛教學術叢刊》（55）。

47. 《天台宗概論》，旡言，《佛教學術叢刊》（55）。

48. 《天台教學》，佐藤泰舜，《佛教學術叢刊》（55）。

49. 《天台教學的特色》，李添春，《佛教學術叢刊》（55）。

50. 《天台教學的世界觀》，慧嶽，《佛教學術叢刊》（55）。

51. 《教觀之概釋》，智定，《佛教學術叢刊》（55）。

52. 《天台教觀與止觀》，曉雲，《佛教學術叢刊》（55）。

53. 《天台宗思想》，周叔迦，《佛教學術叢刊》（55）。

54. 《天台思想要論》，倪清和，《佛教學術叢刊》（55）。

55. 《天台思想的淵源與其特質》，孫正心，《佛教學術叢刊》（55）。

56. 《天台哲學的精義》，李世傑，《佛教學術叢刊》（55）。

57. 《南三北七教判之說》，黃懺華，《佛教學術叢刊》（56）。

58. 《天台宗與八教五時判釋》，沈相當，《佛教學術叢刊》（56）。

59. 《妙法喻蓮華與五時說教》，玠宗，《佛教學術叢刊》（56）。

60. 《天台宗之成立史要》，李世傑，《佛教學術叢刊》（56）。

61. 《天台宗一心三觀法門的起源》，慧風，《佛教學術叢刊》（56）。

62. 《唐代台宗的發展史要》，李世傑，《佛教學術叢刊》（56）。

63. 《宋代天台教學》，慧嶽，《佛教學術叢刊》（56）。

64. 《宋代天台教理史》，李世傑，《佛教學術叢刊》（56）。

65. 《藕益大師的天台教學》，李世傑，《佛教學術叢刊》（56）。

66. 《天台思想的淵源》，慧嶽，《佛教學術叢刊》（57）。

67. 《天台哲學的原理》，李世傑，《佛教學術叢刊》（57）。

68. 《天台大師的三諦三觀思想》，慧嶽，《佛教學術叢刊》（57）。

69. 《略述台宗一念三千大義》，敬良，《佛教學術叢刊》（57）。

70. 《天台思想的一念三千》，聖嚴，《佛教學術叢刊》（57）。

71. 《一念三千的世界觀》，李世傑，《佛教學術叢刊》（57）。

72. 《天台般若本迹論》，曉雲，《佛教學術叢刊》（57）。

73. 《天台唯心說之探索》，演培，《佛教學術叢刊》（57）。

74. 《天台學的罪與懺悔觀》，板本幸男，《佛教學術叢刊》（57）。

75. 《空之中國理性與天台之空觀》，張曼濤，《佛教學術叢刊》（57）。

76. 《天台宗之大乘止觀法門》，馮芝生，《佛教學術叢刊》（58）。

77. 《天台止觀的構成和特色》，關口眞大，《佛教學術叢刊》（58）。

78. 《大乘止觀法門之研究》，聖嚴，《佛教學術叢刊》（58）。

79. 《法華經之開會思想與權實論》，板本幸男，《佛教學術叢刊》（58）。

80. 《中國佛教史》，蔣維喬，國史研究室。

81. 《佛學大辭典》，丁福保，佛教書局。

## 二、藏經部分

1. 《大般若經》，鳩摩羅什譯，《大正》八，新文豐。

2. 《仁王護國般若波羅蜜經》，不空譯，《大正》八，新文豐。

3. 《大般涅槃經》，曇無讖譯，《大正》一二，新文豐。

4. 《勝鬘夫人經》，求那跋陀羅譯，《大正》一二，新文豐。

5. 《維摩詰所說經》，鳩摩羅什譯，《大正》一四，新文豐。

6. 《菩薩瓔珞本業經》，竺佛念譯，《大正》二四，新文豐。

7. 《大智度論》，鳩摩羅什譯，《大正》二五，新文豐。

8. 《十地經論》，菩提流支譯，《大正》二六，新文豐。

9. 《中論》，鳩摩羅什譯，《大正》三〇，新文豐。

10. 《瑜伽師地論》，玄奘譯，《大正》三〇，新文豐。

11. 《瑜伽論釋》，玄奘譯，《大正》三〇，新文豐。

12. 《辨中邊論》，玄奘譯，《大正》三一，新文豐。

13. 《成唯識論》，玄奘譯，《大正》三一，新文豐。

14. 《攝大乘論》，真諦譯，《大正》三一，新文豐。

15. 《攝大乘論釋》，真諦譯，《大正》三一，新文豐。

16. 《唯識三十論頌》，玄奘譯，《大正》三一，新文豐。

17. 《大乘莊嚴經論》，波羅頗蜜多羅譯，《大正》三一，新文豐。

18. 《佛性論》，真諦譯，《大正》三一，新文豐。

19. 《究竟一乘寶性論》，勒那摩提譯，《大正》三一，新文豐。

20. 《大乘起信論》，真諦譯，《大正》三二，新文豐。

21. 《法華玄義釋籤》，湛然，《大正》三三，新文豐。

22. 《法華文句記》，湛然，《大正》三四，新文豐。

23. 《觀音玄義記》，知禮，《大正》三四，新文豐。

24. 《金光明經玄義拾遺記》，知禮，《大正》三九，新文豐。

25. 《請觀音經疏闡義鈔》，智圓，《大正》三九，新文豐。

26. 《請觀音經疏》，智顗，《大正》三九，新文豐。

27. 《觀音玄義》，智顗，《大正》三四，新文豐。

28. 《法華玄義》，智顗，《大正》三三，新文豐。

29. 《華嚴經探玄記》，法藏，《大正》三五，新文豐。

30. 《華嚴經大疏鈔》，澄觀，《大正》三五，新文豐。

31. 《大方廣佛華嚴經》，佛馱跋陀羅譯，《大正》九，新文豐。

32. 《中觀論疏》，吉藏，《大正》四二，新文豐。

33. 《成唯識論演變》，智周，《大正》四三，新文豐。

34. 《大乘起信論義疏》，慧遠，《大正》四四，新文豐。

35. 《大乘起信論別記》，元曉，《大正》四四，新文豐。

36. 《大乘起信論疏》，元曉，《大正》四四，新文豐。

37. 《大乘起信論義記》，法藏，《大正》四四，新文豐。

38. 《大乘起信論別記》，法藏，《大正》四四，新文豐。

39. 《起信論裂網疏》，智旭，《大正》四四，新文豐。

40. 《起信論筆削記》，子璿，《大正》四四，新文豐。

41. 《大乘義章》，慧遠，《大正》四四，新文豐。

42. 《大乘玄論》，吉藏，《大正》四五，新文豐。

43. 《華嚴一乘教義分齊章》，法藏，《大正》四五，新文豐。

44. 《華嚴發菩提心章》，法藏，《大正》四五，新文豐。

45. 《華嚴經旨歸》，法藏，《大正》四五，新文豐。

46. 《華嚴經問答》，法藏，《大正》四五，新文豐。

47. 《華嚴妄盡還源觀》，法藏，《大正》四五，新文豐。

48. 《四明十義書》，知禮，《大正》四六，新文豐。

49. 《法智遺編觀心二百問》，繼忠，《大正》四六，新文豐。

50. 《四明尊者教行錄》，宗曉，《大正》四六，新文豐。

51. 《天台傳佛心印記》，懷則，《大正》四六，新文豐。

52. 《教觀綱宗》，智旭，《大正》四六，新文豐。

53. 《摩訶止觀》，智顗，《大正》四六，新文豐。

54. 《止觀輔行傳弘決》，湛然，《大正》四六，新文豐。

55. 《止觀義例》，湛然，《大正》四六，新文豐。

56. 《止觀大意》，湛然，《大正》四六，新文豐。

57. 《修習止觀坐禪法要》，智顗，《大正》四六，新文豐。

58. 《四念處》，智顗，《大正》四六，新文豐。

59. 《觀心論》，智顗，《大正》四六，新文豐。

60. 《觀心論疏》，灌頂，《大正》四六，新文豐。

61. 《諸法無諍三昧法門》，慧思，《大正》四六，新文豐。

62. 《大乘止觀法門》》，慧思，《大正》四六，新文豐。

63. 《法華經安樂行義》，慧思，《大正》四六，新文豐。

64. 《十不二門》，湛然，《大正》四六，新文豐。

65. 《十不二門指要鈔》，知禮，《大正》四六，新文豐。

66. 《四教義》，智顗，《大正》四六，新文豐。

67. 《天台八教大意》，灌頂，《大正》四六，新文豐。

68. 《天台四教儀》，諦觀，《大正》四六，新文豐。

69. 《金剛錍》，湛然，《大正》四六，新文豐。

70. 《南嶽大師立誓願文》，慧思，《大正》四六，新文豐。

71. 《國清百錄》，灌頂，《大正》四六，新文豐。

72. 《禪源諸詮集都序》，宗密，《大正》四八，新文豐。

73. 《宗鏡錄》，延壽，《大正》四八，新文豐。

74. 《異部宗輪論》，玄奘，《大正》四九，新文豐。

75. 《佛祖統紀》，志磐，《大正》四九，新文豐。

76. 《高僧傳》，慧皎，《大正》五〇，新文豐。

77. 《續高僧傳》，道宣，《大正》五〇，新文豐。

78. 《景德傳燈錄》，道宣，《大正》五一，新文豐。

79. 《南海寄歸傳》，義淨，《大正》五四，新文豐。

80. 《翻譯名義集》，法雲，《大正》五四，新文豐。

81. 《楞伽阿跋多羅寶經》，求那跋陀羅譯，《大正》一六，新文豐。

82. 《解深密經》，玄奘譯，《大正》一六，新文豐。

83. 《入楞伽經》，菩提流支譯，《大正》一六，新文豐。

84. 《密嚴經》，不空譯，《大正》一六，新文豐。

85. 《東域傳燈目錄》，永超，《大正》五五，新文豐。

86. 《十地論義疏》，法上，《大正》八五，新文豐。

87. 《眾經目錄》，法經，《大正》五五，新文豐。

88. 《開元釋教錄》，智昇，《大正》五五，新文豐。

89. 《十地經論義記》，慧遠，《續藏》七一，新文豐。

90. 《十門釋難書》，仁岳，《續藏》九五，新文豐。

91. 《四明仁岳異說叢書》，繼忠，《續藏》九五，新文豐。

92. 《大乘止觀釋要》，智旭，《續藏》九八，新文豐。

93. 《大乘止觀法門宗圓記》，了然，《續藏》九八，新文豐。

94. 《十不二門示珠指》，源清，《續藏》一〇〇，新文豐。

95. 《金剛錍顯性錄》，智圓，《續藏》一〇〇，新文豐。

96. 《維摩詰經略疏垂裕記》，智圓，《續藏》二九，新文豐。

97. 《山家緒餘集》，善月，《續藏》一〇一，新文豐。

98. 《山家義苑》，可觀，《續藏》一〇一，新文豐。

99. 《山峯教義》，宗印，《續藏》一○一，新文豐。

100. 《議中興教觀》，法登，《續藏》一○一，新文豐。

101. 《大乘止觀法門述記》，諦閑，民國新修大藏經。

102. 《法華本迹十不二門註》，宗翌，《續藏》一○○，新文豐。

103. 《十不二門文心解》，仁岳，《續藏》一○○，新文豐。